Aprende Python resolviendo problemas
Kindle Direct Publishing
Paperback edition 2023

Aprende Python resolviendo problemas

David Fernández Rodríguez

Este libro está dedicado a mi padre que me enseñó a ser una persona independiente y decidida, a mi madre sin la cual nunca hubiera podido lograr mis objetivos y triunfar en la vida, a mi hermana que siempre está a mi lado, a mi pareja que cuento con su apoyo y a todos mis compañeros y amigos cuyos consejos siempre me han ayudado a ser un mejor profesional y persona.

—David Fernández Rodríguez

Índice de contenidos

Prefacio

La importancia creciente de la tecnología en nuestra vida cotidiana hace que mantenerse al día sea esencial para ser competitivo en el ámbito laboral. Este libro proporciona una serie de ejercicios que te permitirán adquirir destreza en el lenguaje de programación Python a tu propio ritmo.

Independientemente de tu punto de partida, avanzarás gradualmente a través de ejercicios de creciente complejidad, llegando finalmente a situaciones prácticas de la vida real. Este libro te guiará en la comprensión de Python hasta que te sientas más cómodo. Este libro no es para personas que posean un nivel intermedio o avanzado del lenguaje de programación, aunque siempre pueden utilizarlo para refrescar su conocimiento.

Se incluyen aproximadamente 200 ejercicios concretos para que cualquier persona pueda ejercitarse y familiarizarse con este maravilloso lenguaje de programación. Cada ejercicio cuenta con su solución correspondiente, aunque algunos podrían admitir múltiples enfoques. No obstante, la solución final debe ser uniforme para todos, es decir, el resultado final deberá ser el mismo.

1 Variables y Operadores

Ejercicio 1

Escribe un programa el cual muestre la siguiente frase: *Hola David!!*.

Resultado por pantalla

```
Hola  David !!
```

Solución

```
print("Hola  David !!")
```

Ejercicio 2

Escribe un programa el cual multiplique 2 x 2. Acto seguido, el programa mostrará los resultados usando la función: *print*.

Resultado por pantalla

```
4
```

Solución

```
print(2 * 2)
```

Ejercicio 3

Mira el siguiente código. ¿Podrías averiguar el resultado esperado?

```
a = 3
b = a
c = 4
c = a

print(a)
```

Solución

Tras la ejecución del código anterior, el resultado es 3.

Ejercicio 4

Mira el siguiente código. ¿Podrías averiguar el resultado esperado?

```
a = 3 * 4.5
b = a
c = b / 2

print(c)
```

Solución

Tras la ejecución del código anterior, el resultado es 6.75

Ejercicio 5

Escribe un programa que imprima el tipo de dato de una variable.

Resultado por pantalla

```
<class 'int'>
```

Solución

```
number = 5
print(type(number))
```

Ejercicio 6

Escribe un programa que convierta las siguientes variables en *int*.

```
a = 75
b = "74"
c = 76.67
```

Resultado por pantalla

```
75 74 76
```

Solución

```
a = 75
b = "74"
c = 76.67

aa = a
bb = int(b)
cc = int(c)

print(aa, bb, cc)
```

Ejercicio 7

Escribe un programa que convierta las siguientes variables en *float*.

```
a = 75
b = "74"
c = 76.67
```

Resultado por pantalla

```
75.0  74.0  76.67
```

Solución

```
a = 75
b = "74"
c = 76.67

aa = float(a)
bb = float(b)
cc = c

print(aa, bb, cc)
```

Ejercicio 8

Escribe un programa que convierta las siguientes variables en *str*.

```
a = 75
b = "74"
c = 76.67
```

Resultado por pantalla

```
75 74 76.67
```

Solución

```
a = 75
b = "74"
c = 76.67

aa = str(a)
bb = b
cc = str(c)

print(aa, bb, cc)
```

Ejercicio 9

Mira el siguiente código. ¿Podrías averiguar el resultado esperado?

```
text = "Hello"
print(int(text))
```

Solución

No puede convertir una palabra en un valor entero. Por lo tanto, obtendrá un error.

Ejercicio 10

Escribe un programa que calcule las siguientes operaciones:
$2 + 3$, $2 - 3$, 2×3, $2 / 3$, $2 \bmod 3$ y 2^3.

Resultado por pantalla

```
5
-1
6
0.6666666666666666
2
8
```

Solución

```python
x = 2
y = 3

addition = x + y
subtraction = x - y
multiplication = x * y
division = x / y
modulus = x % y
exponentiation = x**y

print(addition)
print(subtraction)
print(multiplication)
print(division)
print(modulus)
print(exponentiation)
```

Ejercicio 11

Escribe un programa que pida dos números y luego multiplique ambos números para obtener el resultado.

Resultado por pantalla

```
Introduce un primer número: 3
Introduce un segundo número: 2
Resultado: 6
```

Solución

```python
x = int(input("Introduce un primer número: "))
y = int(input("Introduce un segundo número: "))

result = x * y

print("Resultado: {}".format(result))
```

Ejercicio 12

Escribe un programa que le pregunte su nombre y luego mostrará la siguiente frase: *Tu nombre es XXXX.*

Resultado por pantalla

```
¿Cuál es tu nombre? Margarita
Tu nombre es Margarita
```

Solución

```
name = input("¿Cuál es tu nombre? ")

print("Tu nombre es {}".format(name))
```

Ejercicio 13

Escribe un programa que devuelva la siguiente frase *Me gusta Python* en mayúsculas.

Resultado por pantalla

```
ME GUSTA PYTHON
```

Solución

```python
text = "Me gusta Python"
print(text.upper())
```

Ejercicio 14

Escribe un programa que devuelva la siguiente frase *ME GUS-TA PYTHON* en minúsculas.

Resultado por pantalla

```
me gusta  python
```

Solución

```
text = "ME GUSTA PYTHON"
print(text.lower())
```

Ejercicio 15

Escribe un programa que devuelva el número de veces que aparece la palabra *perro* en la siguiente frase: *Me gustaría tener un perro pero mi padre no quiere tener perros.*

Resultado por pantalla

```
2
```

Solución

```
text = "Me gustaría tener un perro pero mi padre no quiere
      tener perros"

print(text.count("perro"))
```

Ejercicio 16

Escribe un programa que reemplace la palabra *Hola* por *Hasta luego* en la siguiente frase: *Hola Bren!*

Resultado por pantalla

```
Hasta luego Bren!
```

Solución

```python
sentence = "Hola Bren!"
sentence = sentence.replace("Hola", "Hasta luego")
print(sentence)
```

Ejercicio 17

Escribe un programa que muestre la fecha y la hora actual.

Resultado por pantalla

```
2022-12-29 11:42:55.778171
```

Solución

```python
from datetime import datetime
print(datetime.now())
```

Ejercicio 18

Escribe un programa que calcule el área de un triángulo. El programa solicitará dos parámetros: *base* y *altura*.

Resultado por pantalla

```
Introduce la base: 3
Introduce la altura: 5
Area: 7.5
```

Solución

```
base = int(input("Introduce la base: "))
height = int(input("Introduce la altura: "))

area = base * height / 2

print("Area: {}".format(area))
```

Ejercicio 19

Escribe un programa que obtenga el valor absoluto de este número: *-15.*

Resultado por pantalla

```
Número: −15
Valor absoluto: 15
```

Solución

```
number = −15
absolute = abs(number)

print("Número: {}".format(number))
print("Valor absoluto: {}".format(absolute))
```

Ejercicio 20

Escribe un programa que obtenga la longitud de la siguiente oración: *Hola Mundo!!*.

Resultado por pantalla

```
12
```

Solución

```python
text = "Hola Mundo!!"
size = len(text)

print(size)
```

2 Estructuras condicionales

Ejercicio 1

Escribe un programa que te pregunte tu edad y luego te diga si eres adulto o no.

Resultado por pantalla

```
¿Qué edad tienes? 17
Eres joven.
```

Solución

```python
age = int(input("¿Qué edad tienes? "))

if age >= 18:
    print("Eres adulto.")
else:
    print("Eres joven.")
```

Ejercicio 2

Escribe un programa para convertir un número en el nombre de un mes.

Resultado por pantalla

```
¿Podrías introducir un número entre el 1-12? 10
Octubre
```

Solución

```python
number = int(input("¿Podrías introducir un número entre el
    1-12? "))

if number == 1:
    print("Enero")
elif number == 2:
    print("Febrero")
elif number == 3:
    print("Marzo")
elif number == 4:
    print("Abril")
elif number == 5:
    print("Mayo")
elif number == 6:
    print("Junio")
elif number == 7:
    print("Julio")
elif number == 8:
    print("Agosto")
elif number == 9:
    print("Septiembre")
elif number == 10:
    print("Octubre")
elif number == 11:
```

```
    print("Noviembre")
elif number == 12:
    print("Diciembre")
else:
    print("Número inválido.")
```

Ejercicio 3

Escribe un programa que pida un número. Luego, el programa le dirá si ese número es negativo, positivo o cero.

Resultado por pantalla

```
Introduce un número: -9
Número negativo
```

Solución

```
number = int(input("Introduce un número: "))

if number > 0:
    print("Número positivo")
elif number < 0:
    print("Número negativo")
else:
    print("Cero")
```

Ejercicio 4

Escribe un programa que compare dos usuarios en función de sus edades. El programa debe decirnos quién es el más joven.

Resultado por pantalla

```
Introduce la edad de un usuario: 17
Introduce la edad de otro usuario: 20
El primer usuario es el más joven.
```

Solución

```python
user1 = int(input("Introduce la edad de un usuario: "))
user2 = int(input("Introduce la edad de otro usuario: "))

if user1 > user2:
    print("El segundo usuario es el más joven.")
else:
    print("El primer usuario es el más joven.")
```

Ejercicio 5

Escribe un programa que compruebe si un número introducido por el usuario es par o impar.

Resultado por pantalla

```
Introduce un número: 15
El número 15 es impar
```

Solución

```
number = int(input("Introduce un número: "))

if number % 2 == 0:
    print("El número {} es par".format(number))
else:
    print("El número {} es impar".format(number))
```

Ejercicio 6

Escribe un programa que nos diga si un carácter introducido por el usuario es una vocal o no.

Resultado por pantalla

```
Introduce una letra: E
La letra E es una vocal
```

Solución

```
character = input("Introduce una letra: ")
vowels = "aeiou"

if character.lower() in vowels:
    print("La letra {} es una vocal".format(character))
else:
    print("La letra {} no es una vocal".format(character))
```

Ejercicio 7

Escribe un programa que reciba la calificación del usuario y muestre la calificación de acuerdo con los siguientes criterios:

Rango	Calificación
>95	A+
>90 and <= 95	A
>80 and <= 90	B
>= 60 and <= 80	C
<60	D

Resultado por pantalla

```
Introduce tu calificación: 96
Tu calificación es: A+
```

Solución

```
mark = int(input("Introduce tu calificación: "))

if mark > 95:
    print("Tu calificación es: A+")
elif mark > 90 and mark <= 95:
    print("Tu calificación es: A")
elif mark > 80 and mark <= 90:
    print("Tu calificación es: B")
elif mark > 60 and mark <= 80:
    print("Tu calificación es: C")
else:
    print("Tu calificación es: D")
```

Ejercicio 8

Escribe un programa que calcule la cantidad neta de acuerdo con los siguientes criterios:

Cantidad (€)	Descuento
>1000	40 %
>100 and <= 1000	15 %
<= 100	5 %

Resultado por pantalla

```
Introduce un importe: 950
Importe neto: 807.5
```

Solución

```
amount = int(input("Introduce un importe: "))

if amount > 1000:
    discount = (40 / 100) * amount
elif amount > 100 and amount <= 1000:
    discount = (15 / 100) * amount
else:
    discount = (5 / 100) * amount

total = amount - discount
print("Importe neto: {}".format(total))
```

Ejercicio 9

Escribe un programa que calcule el múltiplo de siete basado en la entrada del usuario.

Resultado por pantalla

```
Introduce un número: 14
14 es múltiplo de 7
```

Solución

```python
number = int(input("Introduce un número: "))

if number % 7 == 0:
    print("{} es múltiplo de 7".format(number))
else:
    print("{} no es múltiplo de 7".format(number))
```

Ejercicio 10

Escribe un programa que acepte un operador matemático (+, -, * o /) y dos números. Luego, el programa debe calcular el resultado basado en dicho operador.

Resultado por pantalla

```
Introduce un número: 2
Introduce otro número: 3
Introduce un operador: +
Resultado: 5
```

Solución

```python
number1 = int(input("Introduce un número: "))
number2 = int(input("Introduce otro número: "))
operator = input("Introduce un operador: ")

if operator == "+":
    print("Resultado: {}".format(number1 + number2))
elif operator == "-":
    print("Resultado: {}".format(number1 - number2))
elif operator == "*":
    print("Resultado: {}".format(number1 * number2))
elif operator == "/":
    print("Resultado: {}".format(number1 / number2))
else:
    print("Operador no válido.")
```

Ejercicio 11

¿Podría averiguar cuál es el resultado esperado después de ejecutar el siguiente programa?

```
x = 3
if x >= 2:
    print("Hello!!")
else:
    print("Bye!")
```

Solución

```
Hello!!
```

Ejercicio 12

¿Podría averiguar cuál es el resultado esperado después de ejecutar el siguiente programa?

```
x = -9
y = 9
if x > 0 or y > 0:
    print("Secreto 1")
else:
    print("Secreto 2")
```

Solución

```
Secreto 1
```

Ejercicio 13

¿Podría averiguar cuál es el resultado esperado después de ejecutar el siguiente programa?

```
x = -9
y = 9
if x > 0 and y > 0:
    print("Secreto")
```

Solución

No se cumple la condición. Por tanto, no hay nada que mostrar.

Ejercicio 14

¿Podría averiguar cuál es el resultado esperado después de ejecutar el siguiente programa?

```
x = 6
y = -9

if x > 0 or y > 0:
    x = 10
    y = y * 2
else:
    y = y / 2
    x = x * 2

if x >= 10:
    x = x**2

print(x, y)
```

Solución

```
100 -18
```

Ejercicio 15

Escribe un programa que acepte un número del 1 al 7 y muestre el nombre del día.

Resultado por pantalla

```
Introduce un número entre el 1-7: 6
Sábado
```

Solución

```python
number = int(input("Introduce un número entre el 1-7: "))

if number == 1:
    print("Lunes")
elif number == 2:
    print("Martes")
elif number == 3:
    print("Miércoles")
elif number == 4:
    print("Jueves")
elif number == 5:
    print("Viernes")
elif number == 6:
    print("Sábado")
elif number == 7:
    print("Domingo")
else:
    print("Número inválido.")
```

Ejercicio 16

¿Podría averiguar cuál es el resultado esperado después de ejecutar el siguiente programa?

```
x = 86
y = -99

if x % 2 == 0:
    x = y
    y = y * 2
else:
    y = x / 2
    x = x * 2

print(x, y)
```

Solución

```
-99  -198
```

Ejercicio 17

¿Podría averiguar cuál es el resultado esperado después de ejecutar el siguiente programa?

```
x = 12
y = 20
z = x * y

if z > 100:
    print("Hello!")
else:
    print("Bye!")
```

Solución

```
Hello!
```

Ejercicio 18

¿Podría averiguar cuál es el resultado esperado después de ejecutar el siguiente programa?

```python
x = -1

if abs(x) == 1:
    print("Hello!")
else:
    print("Bye!")
```

Solución

```
Hello!
```

Ejercicio 19

¿Podría averiguar cuál es el resultado esperado después de ejecutar el siguiente programa?

```python
x = 100

if x >= 0 and x < 10:
    print("1 dígito")
elif x >= 10 and x < 100:
    print("2 dígitos")
else:
    print("Más de dos dígitos")
```

Solución

```
Más de dos dígitos
```

Ejercicio 20

Escribe un programa que calcule el año bisiesto basado en la entrada del usuario.

Resultado por pantalla

```
Introduce un año: 2021
2021 no es bisiesto
```

Solución

```python
year = int(input("Introduce un año: "))

if (year % 4 == 0 and year % 100 != 0) or (year % 400 ==
    0):
    print("{} es bisiesto".format(year))
else:
    print("{} no es bisiesto".format(year))
```

3 Estructuras repetitivas. Bucles

Ejercicio 1

Escribe un programa que muestre *Hola!!* diez veces.

Resultado por pantalla

```
Hola!!
Hola!!
Hola!!
Hola!!
Hola!!
Hola!!
Hola!!
Hola!!
Hola!!
Hola!!
```

Solución

```python
for x in range(10):
    print("Hola!!")
```

Ejercicio 2

Escribe un programa que muestre una tabla de multiplicar basada en la entrada del usuario.

Resultado por pantalla

```
Introduce un número: 6
6 x 1 = 6
6 x 2 = 12
6 x 3 = 18
6 x 4 = 24
6 x 5 = 30
6 x 6 = 36
6 x 7 = 42
6 x 8 = 48
6 x 9 = 54
6 x 10 = 60
```

Solución

```python
number = int(input("Introduce un número: "))

for x in range(1, 11):
    print("{} x {} = {}".format(number, x, x * number))
```

Ejercicio 3

Escribe un programa que muestre la siguiente figura:

```
*
* *
* * *
* * * *
* * * * *
* * * * * *
* * * * * * *
* * * * * * * *
* * * * * * * * *
```

Solución

```
for x in range(1, 10):
    print("*" * x)
```

Ejercicio 4

Escribe un programa que muestre la siguiente figura:

```
* * * * *
* * * * *
* * * * *
* * * * *
* * * * *
```

Solución

```
for x in range(5):
    print("{}".format("*" * 5))
```

Ejercicio 5

Escribe un programa que muestre la siguiente figura:

```
1
22
333
4444
55555
666666
7777777
88888888
999999999
```

Solución

```
for x in range(1, 10):
    print("{}".format(str(x) * x))
```

Ejercicio 6

Escribe un programa que muestre la siguiente figura:

```
1 2 3 4 5 6 7 8 9
1 2 3 4 5 6 7 8
1 2 3 4 5 6 7
1 2 3 4 5 6
1 2 3 4 5
1 2 3 4
1 2 3
1 2
1
```

Solución

```
for x in range(9, 0, -1):
    for y in range(1, x + 1):
        print(y, end=" ")
    print("\n")
```

Ejercicio 7

Escribe un programa que busque números primos del 1 al N según la entrada del usuario.

Resultado por pantalla

```
Introduce un número: 50
2 3 5 7 11 13 17 19 23 29 31 37 41 43 47
```

Solución

```python
limit = int(input("Introduce un número: "))

for number in range(1, limit + 1):
    isPrime = True

    if number == 1 or number == 0:
        isPrime = False

    for x in range(2, number):
        if number % x == 0:
            isPrime = False

    if isPrime:
        print(number, end=" ")
```

Ejercicio 8

Escribe un programa que muestre números impares del 1 al 100.

Resultado por pantalla

```
1 3 5 7 9 11 13 15 17 19 21 23 25 27 29 31 33 35 37 39 41
     43 45 47 49 51 53 55 57 59 61 63 65 67 69 71 73 75 77
     79 81 83 85 87 89 91 93 95 97 99
```

Solución

```python
for number in range(1, 101):
    if number % 2 == 1:
        print(number, end=" ")
```

Ejercicio 9

Escribe un programa que cuente números positivos y negativos. El programa debe dejar de ejecutarse una vez que el usuario introduzca un *0*.

Resultado por pantalla

```
Introduce un número: 10
Introduce un número: 6
Introduce un número: -6
Introduce un número: 1
Introduce un número: 3
Introduce un número: -78
Introduce un número: 0
Números positivos: 4
Números negativos: 2
```

Solución

```python
number = int(input("Introduce un número: "))

positiveNumbers = 0
negativeNumbers = 0

if number > 0:
    positiveNumbers = positiveNumbers + 1
elif number < 0:
    negativeNumbers = negativeNumbers + 1

while number != 0:
    number = int(input("Introduce un número: "))

    if number > 0:
        positiveNumbers = positiveNumbers + 1
    elif number < 0:
```

```
            negativeNumbers = negativeNumbers + 1

print("Números positivos: {}".format(positiveNumbers))
print("Números negativos: {}".format(negativeNumbers))
```

Ejercicio 10

Escribe un programa que muestre el valor máximo escrito por el usuario. El programa debe dejar de ejecutarse una vez que el usuario introduzca un *0*.

Resultado por pantalla

```
Introduce un número: 100
Introduce un número: 6
Introduce un número: 46
Introduce un número: −164
Introduce un número: 879
Introduce un número: 0
Máximo: 879
```

Solución

```python
number = int(input("Introduce un número: "))

maximum = number

while number != 0:
    number = int(input("Introduce un número: "))

    if number > maximum:
        maximum = number

print("Máximo: {}".format(maximum))
```

Ejercicio 11

Escribe un programa que calcule el factorial de un número dado.

Resultado por pantalla

```
Introduce un número: 6
El factorial de 6 es 720
```

Solución

```python
number = int(input("Introduce un número: "))
factorial = 1

if number < 0:
    print("El factorial no existe para números negativos")
elif number == 0:
    print("El factorial de 0 es 1")
else:
    for x in range(1, number + 1):
        factorial = factorial * x
    print("El factorial de {} es {}".format(number,
    factorial))
```

Ejercicio 12

Escribe un programa que calcule la suma de todos los números desde 1 hasta un número dado.

Resultado por pantalla

```
Introduce un número: 10
La suma de todos los números desde el 1 al 10 es 55
```

Solución

```
number = int(input("Introduce un número: "))
total = 0

for x in range(1, number + 1):
    total = total + x

print("La suma de todos los números desde el 1 al {} es {}
    ".format(number, total))
```

Ejercicio 13

Escribe un programa que calcule el cubo de todos los números desde 1 hasta un número dado.

Resultado por pantalla

```
Introduce un número: 5
El cubo de 1 es 1
El cubo de 2 es 8
El cubo de 3 es 27
El cubo de 4 es 64
El cubo de 5 es 125
```

Solución

```python
number = int(input("Introduce un número: "))
total = 0

for x in range(1, number + 1):
    print("El cubo de {} es {}".format(x, x**3))
```

Ejercicio 14

Escribe un programa que calcule el total de vocales de la siguiente frase: *My name is David*.

Resultado por pantalla

```
Número de vocales en el texto: 5
```

Solución

```python
sentence = "My name is David"
vowels = "aeiou"
total = 0

for letter in sentence:
    if letter.lower() in vowels:
        total = total + 1

print("Número de vocales en el texto: {}".format(total))
```

Ejercicio 15

Escribe un programa que calcule el total de palabras de la siguiente frase: *Esto es un ejemplo.*

Resultado por pantalla

```
Total palabras: 4
```

Solución

```python
sentence = "Esto es un ejemplo"
total = 0

for word in sentence.split(" "):
    total = total + 1

print("Total palabras: {}".format(total))
```

Ejercicio 16

Escribe un programa que calcule cuántas veces aparece la palabra *Hello* en la siguiente frase: *Hello Bren, I'm here. Hello Steve! Goodbye!.*

Resultado por pantalla

```
Total: 2
```

Solución

```python
sentence = "Hello Bren, I'm here. Hello Steve! Goodbye!"
total = 0

for word in sentence.split(" "):
    if "Hello" == word:
        total = total + 1

print("Total: {}".format(total))
```

Ejercicio 17

Escribe un programa que muestre números del -5 al -1.

Resultado por pantalla

```
−5
−4
−3
−2
−1
```

Solución

```python
for number in range(−5, 0):
    print(number)
```

Ejercicio 18

Escribe un programa que muestre la serie de Fibonacci hasta los primeros 15 términos. Ejemplo: 0, 1, 1, 2, 3, 5, 8, 13, 21, 34, 55, 89, 144, 233, 377

Resultado por pantalla

0	1	1	2	3	5	8	13	21	34	55	89	144	233	377

Solución

```
number1 = 0
number2 = 1

for i in range(15):
    print(number1, end="   ")
    res = number1 + number2
    number1 = number2
    number2 = res
```

Ejercicio 19

Escribe un programa que muestre la siguiente figura:

```
*
* *
* * *
* * * *
* * * * *
* * * * * *
* * * * * * *
* * * * * * * *
* * * * * * * * *
* * * * * * * * * *
* * * * * * * * * * *
* * * * * * * * * *
* * * * * * * * *
* * * * * * * *
* * * * * * *
* * * * * *
* * * * *
* * * *
* * *
* *
*
```

Solución

```python
for x in range(1, 11):
    print("*" * x)

for x in range(11, 0, -1):
    print("*" * x)
```

Ejercicio 20

¿Podrías adivinar el resultado después de ejecutar el siguiente código?

```
for x in range(10):
    if x == 6:
        break
    print(x)
```

Solución

```
0
1
2
3
4
5
```

4 Estructuras de datos. Listas

Ejercicio 1

Escribe un programa que lea esta lista *['coche', 'autobús', 'camión', 'helicóptero']* y muestre el siguiente mensaje: *El vehículo de la posició X es un Y.*

Resultado por pantalla

```
El vehículo de la posición 0 es un coche
El vehículo de la posición 1 es un autobús
El vehículo de la posición 2 es un camión
El vehículo de la posición 3 es un helicóptero
```

Solución

```python
vehicles = ["coche", "autobús", "camión", "helicóptero"]

for index in range(len(vehicles)):
    print("El vehículo de la posición {} es un {}".format(
    index, vehicles[index]))
```

Ejercicio 2

Escribe un programa que sume todos los elementos de esta lista: *[12, 131, 1, 45]*.

Resultado por pantalla

```
Resultado: 189
```

Solución

```
numbers = [12, 131, 1, 45]

print("Resultado: {}".format(sum(numbers)))
```

Ejercicio 3

Escribe un programa que obtenga el máximo valor de esta lista: *[12, 131, 1, 45]*.

Resultado por pantalla

```
Máximo: 131
```

Solución

```
numbers = [12, 131, 1, 45]
print("Máximo: {}".format(max(numbers)))
```

Ejercicio 4

Escribe un programa que obtenga el mínimo valor de esta lista: *[12, 131, 1, 45].*

Resultado por pantalla

Mínimo: 1

Solución

```
numbers = [12, 131, 1, 45]
print("Mínimo: {}".format(min(numbers)))
```

Ejercicio 5

Escribe un programa que elimine los duplicados de la siguiente lista: *[12, 131, 1, 45, 1, 45, 12]*.

Resultado por pantalla

```
Lista sin duplicados: [12, 131, 1, 45]
```

Solución

```python
numbers = [12, 131, 1, 45, 1, 45, 12]
numbers_without_duplicates = []

for number in numbers:
    if number not in numbers_without_duplicates:
        numbers_without_duplicates.append(number)

print("Lista sin duplicados: {}".format(
    numbers_without_duplicates))
```

Ejercicio 6

Escribe un programa que convierta la siguiente lista *['Hello', 'my', 'friend!!']* en *Hello my friend!!*.

Resultado por pantalla

```
Hello my friend!!
```

Solución

```python
words = ["Hello", "my", "friend!!"]

sentence = " ".join(words)
print(sentence)
```

Ejercicio 7

Escribe un programa que obtenga un número al azar de la siguiente lista: *[14, 48, 5, 6, 78, 26].*

Resultado por pantalla

```
Número aleatorio: 5
```

Solución

```python
import random

numbers = [14, 48, 5, 6, 78, 26]

print("Número aleatorio: {}".format(random.choice(numbers)))
```

Ejercicio 8

Escribe un programa que obtenga una lista con las palabras que tienen más de 5 caracteres de la siguiente lista de palabras: *['Dogs', 'Helicopter', 'Cats', 'Houses'].*

Resultado por pantalla

```
Resultado: ['Helicopter', 'Houses']
```

Solución

```python
words = ["Dogs", "Helicopter", "Cats", "Houses"]
words_filtered = []

for word in words:
    if len(word) >= 5:
        words_filtered.append(word)

print("Resultado: {}".format(words_filtered))
```

Ejercicio 9

Escribe un programa que calcule el promedio de la siguiente lista de números: *[25, 60, 30].*

Resultado por pantalla

```
La media es 38.333333333333336
```

Solución

```
numbers = [25, 60, 30]
average = sum(numbers) / len(numbers)

print("La media es {}".format(average))
```

Ejercicio 10

Escribe un programa que reemplace cada valor por su valor cúbico en la siguiente lista: *[1, 2, 3, 4, 5]*.

Resultado por pantalla

```
[1, 8, 27, 64, 125]
```

Solución

```python
numbers = [1, 2, 3, 4, 5]

for index in range(len(numbers)):
    numbers[index] = numbers[index] ** 3

print(numbers)
```

Ejercicio 11

Escribe un programa que obtenga la lista inversa sobre la siguiente lista: *[1, 2, 3, 4, 5]*.

Resultado por pantalla

```
[5, 4, 3, 2, 1]
```

Solución

```
numbers = [1, 2, 3, 4, 5]
numbers.reverse()
print(numbers)
```

Ejercicio 12

Escribe un programa que cuente cuantas veces aparece el color *Rojo* en la siguiente lista: *['Rojo', 'Blanco', 'Azul', 'Rojo', 'Negro'].*

Resultado por pantalla

```
El color Rojo aparece 2 veces
```

Solución

```
colours = ["Rojo", "Blanco", "Azul", "Rojo", "Negro"]

print("El color Rojo aparece {} veces".format(colours.
    count("Rojo")))
```

Ejercicio 13

Escribe un programa que elimine todas las apariciones de un elemento específico de una lista. Ejemplo: Eliminar *2* de *[1, 2, 3, 4, 5, 2, 6, 2]*.

Nota: Debe utilizar listas de comprensión para este ejercicio.

Resultado por pantalla

```
Resultado: [1, 3, 4, 5, 6]
```

Solución

```
numbers = [1, 2, 3, 4, 5, 2, 6, 2]
number_to_remove = 2

numbers_filtered = [number for number in numbers if number
    != number_to_remove]

print("Resultado: {}".format(numbers_filtered))
```

Ejercicio 14

Escribe un programa que itere a través de una cadena. El programa debe convertir *Hello* en *['H', 'e', 'l', 'l', 'o']*

Nota: Debe utilizar listas de comprensión para este ejercicio.

Resultado por pantalla

```
['H', 'e', 'l', 'l', 'o']
```

Solución

```
word = "Hello"
letters = [letter for letter in word]
print(letters)
```

Ejercicio 15

Escribe un programa que calcule números pares del 1 al 100.

Nota: Debe utilizar listas de comprensión para este ejercicio.

Resultado por pantalla

```
[2, 4, 6, 8, 10, 12, 14, 16, 18, 20, 22, 24, 26, 28, 30,
  32, 34, 36, 38, 40, 42, 44, 46, 48, 50, 52, 54, 56,
  58, 60, 62, 64, 66, 68, 70, 72, 74, 76, 78, 80, 82,
  84, 86, 88, 90, 92, 94, 96, 98, 100]
```

Solución

```python
numbers = [number for number in range(1, 101) if number %
    2 == 0]
print(numbers)
```

Ejercicio 16

Escribe un programa que convierta una lista de nombres a mayúsculas. Ejemplo: *['manzana', 'cereza', 'kiwi', 'mango']*

Nota: Debe utilizar listas de comprensión para este ejercicio.

Resultado por pantalla

```
[ 'MANZANA' ,  'CEREZA' ,  'KIWI' ,  'MANGO' ]
```

Solución

```
fruits = ["manzana", "cereza", "kiwi", "mango"]
new_fruits = [fruit.upper() for fruit in fruits]

print(new_fruits)
```

Ejercicio 17

Escribe un programa que genere una lista de números cuadrados del 1 al 20.

Nota: Debe utilizar listas de comprensión para este ejercicio.

Resultado por pantalla

```
[1, 4, 9, 16, 25, 36, 49, 64, 81, 100, 121, 144, 169, 196,
    225, 256, 289, 324, 361, 400]
```

Solución

```python
square_numbers = [number**2 for number in range(1, 21)]

print(square_numbers)
```

Ejercicio 18

Escribe un programa que elimine las cadenas vacías de la siguiente lista de cadenas: *['Hello', '', 'my', '', 'friend!!']*

Nota: Debe utilizar listas de comprensión para este ejercicio.

Resultado por pantalla

```
Lista original: ['Hello', '', 'my', '', 'friend!!']
Lista nueva: ['Hello', 'my', 'friend!!']
```

Solución

```python
words = ["Hello", "", "my", "", "friend!!"]
words_filtered = [word for word in words if word != ""]

print("Lista original: {}".format(words))
print("Lista nueva: {}".format(words_filtered))
```

Ejercicio 19

¿Cuál es el resultado esperado después de ejecutar el siguiente código?

```
fruits = ["pera", "naranja", "manzana", "uva", "manzana",
    "pera"]

print(fruits.index("manzana"))
print(fruits.index("pera"))
```

Solución

```
2
0
```

Ejercicio 20

¿Cuál es el resultado esperado después de ejecutar el siguiente código?

```
list1 = ["pera", "naranja", "manzana"]
list2 = ["uva", "manzana", "pera"]

print(list1 + list2)
```

Solución

```
['pera', 'naranja', 'manzana', 'uva', 'manzana', 'pera']
```

5 Estructuras de datos. Conjuntos

Ejercicio 1

Escribe un programa que lea este conjunto {'coche', 'autobús', 'camión', 'helicóptero'} y muestre el siguiente mensaje: *Vehículo: X.*

Resultado por pantalla

```
Vehículo: autobus
Vehículo: helicóptero
Vehículo: camión
Vehículo: coche
```

Solución

```python
vehicles = set({"coche", "autobus", "camión", "helicóptero"})

for vehicle in vehicles:
    print("Vehículo: {}".format(vehicle))
```

Ejercicio 2

Escribe un programa que sume todos los números de este conjunto *{12, 131, 1, 45}*.

Resultado por pantalla

```
Resultado: 189
```

Solución

```python
numbers = set({12, 131, 1, 45})
print("Resultado: {}".format(sum(numbers)))
```

Ejercicio 3

Escribe un programa que obtenga el máximo valor de este conjunto *{12, 131, 1, 45}*.

Solución

```
numbers = set({12, 131, 1, 45})

print("Máximo: {}".format(max(numbers)))
```

Resultado por pantalla

```
Máximo: 131
```

Ejercicio 4

Escribe un programa que obtenga el mínimo valor de este conjunto *{12, 131, 1, 45}*.

Resultado por pantalla

```
Mínimo: 1
```

Solución

```
numbers = set({12, 131, 1, 45})
print("Mínimo: {}".format(min(numbers)))
```

Ejercicio 5

Escribe un programa que dada la siguiente lista *[12, 131, 1, 45, 1, 26, 45]* muestre un conjunto sin elementos duplicados.

Resultado por pantalla

```
Lista: [12, 131, 1, 45, 1, 26, 45]
Conjunto: {1, 131, 12, 45, 26}
```

Solución

```
numbers = [12, 131, 1, 45, 1, 26, 45]

result = set(numbers)

print("Lista: {}".format(numbers))
print("Conjunto: {}".format(result))
```

Ejercicio 6

Escribe un programa que calcule la intersección entre los siguientes conjuntos: *{15, 6, 25}* y *{12, 25, 7, 6, 26}*.

Resultado por pantalla

```
{25, 6}
```

Solución

```python
numbers1 = set({15, 6, 25})
numbers2 = set({12, 25, 7, 6, 26})

intersection = numbers1.intersection(numbers2)

print(intersection)
```

Ejercicio 7

Escribe un programa que calcule la unión entre los siguientes conjuntos: *{15, 6, 25}* y *{12, 25, 7, 6, 26}*.

Resultado por pantalla

```
{6, 7, 12, 15, 25, 26}
```

Solución

```python
numbers1 = set({15, 6, 25})
numbers2 = set({12, 25, 7, 6, 26})

union = numbers1.union(numbers2)

print(union)
```

Ejercicio 8

Escribe un programa que calcule la diferencia entre los conjuntos *{15, 6, 25}* y *{12, 25, 7, 6, 26}*.

Resultado por pantalla

```
{15}
```

Solución

```python
numbers1 = set({15, 6, 25})
numbers2 = set({12, 25, 7, 6, 26})

difference = numbers1.difference(numbers2)

print(difference)
```

Ejercicio 9

Escribe un programa que elimine el número 6 del siguiente conjunto *{15, 6, 25}*.

Resultado por pantalla

```
{25, 15}
```

Solución

```
numbers1 = set({15, 6, 25})
numbers1.remove(6)

print(numbers1)
```

Ejercicio 10

Escribe un programa que almacene números en un conjunto hasta que el usuario introduzca el valor *0*.

Resultado por pantalla

```
Introduce un número: 16
Introduce un número: -145
Introduce un número: 7
Introduce un número: 3
Introduce un número: 7
Introduce un número: 9
Introduce un número: 3
Introduce un número: 0
Conjunto: {3, 7, 9, -145, 16}
```

Solución

```
numbers = set()

number = int(input("Introduce un número: "))

if number != 0:
    numbers.add(number)

while number != 0:
    number = int(input("Introduce un número: "))

    if number != 0:
        numbers.add(number)

print("Conjunto: {}".format(numbers))
```

Ejercicio 11

¿Cuál es la salida obtenida tras la ejecución del siguiente programa?

```
set1 = set({1, 2, 3})
set2 = set({5, 4, 2})

set1.difference_update(set2)
print(set1)
```

Solución

```
{1, 3}
```

Ejercicio 12

¿Cuál es la salida obtenida tras la ejecución del siguiente programa?

```
set1 = set({123, 20, 12, 42, 10})
set2 = set({45, 7, 8, 16, 20})

if set1.isdisjoint(set2):
    print("Los dos conjuntos no tienen ningún elemento en
    común")
else:
    print("Los dos conjuntos tienen elementos en común")
```

Solución

```
Los dos conjuntos tienen elementos en común
```

Ejercicio 13

Escribe un programa que calcule números pares del 1 al 100.

Nota: Debe utilizar listas de comprensión para este ejercicio.

Resultado por pantalla

```
{2, 4, 6, 8, 10, 12, 14, 16, 18, 20, 22, 24, 26, 28, 30,
 32, 34, 36, 38, 40, 42, 44, 46, 48, 50, 52, 54, 56,
 58, 60, 62, 64, 66, 68, 70, 72, 74, 76, 78, 80, 82,
 84, 86, 88, 90, 92, 94, 96, 98, 100}
```

Solución

```
numbers = set(number for number in range(1, 101) if number
    % 2 == 0)

print(numbers)
```

Ejercicio 14

Escribe un programa que genere una lista de números cuadrados del 1 al 20.

Nota: Debe utilizar listas de comprensión para este ejercicio.

Resultado por pantalla

```
{256, 1, 4, 9, 16, 144, 400, 25, 289, 36, 169, 49, 64,
    196, 324, 81, 225, 100, 361, 121}
```

Solución

```python
square_numbers = set(number**2 for number in range(1, 21))

print(square_numbers)
```

Ejercicio 15

Escribe un programa que devuelva el tamaño del siguiente conjunto *{10,20,30,40,50}*. Sí el número devuelto es impar mostrará el siguiente mensaje: *Impar*. En caso contrario, el mensaje será: *Par*.

Resultado por pantalla

```
Impar
```

Solución

```python
numbers = set({10, 20, 30, 40, 50})

if len(numbers) % 2 == 0:
    print("Par")
else:
    print("Impar")
```

Ejercicio 16

Escribe un programa que convierta la siguiente palabra *Manzana* en un conjunto donde cada elemento es una letra sin repetir.

Resultado por pantalla

```
{'a', 'M', 'z', 'n'}
```

Solución

```
word = "Manzana"
letters = set(word)

print(letters)
```

Ejercicio 17

Escribe un programa que recorra el siguiente conjunto *{'Hello', 14, True, 16, False, 'David'}* y sume todos sus elementos.

Resultado por pantalla

```
Total: 30
```

Solución

```python
elements = set({"Hello", 14, True, 16, False, "David"})
total = 0

for element in elements:
    if type(element) == int:
        total = total + element

print("Total: {}".format(total))
```

Ejercicio 18

¿Cuál es la salida obtenida tras la ejecución del siguiente programa?

```python
fruits = set({"manzana", "kiwi", "platano"})

if "kiwi" in fruits:
    print("Me gusta!")
```

Solución

```
Me gusta!
```

Ejercicio 19

¿Cuál es la salida obtenida tras la ejecución del siguiente programa?

```
fruits = set({"manzana", "kiwi", "platano"})
fruits.clear()

print(fruits)
```

Solución

```
set()
```

Ejercicio 20

¿Cuál es la salida obtenida tras la ejecución del siguiente programa?

```
set1 = set({1, 2, 3})
set2 = set({6, 5, 4, 1, 2, 3})

result = set1.issubset(set2)

print(result)
```

Solución

```
True
```

6 Estructuras de datos. Tuplas

Ejercicio 1

Escribe un programa que lea esta tupla *('coche', 'autobús', 'ca-mión', 'helicóptero')* y muestre el siguiente mensaje: *Vehículo: X.*

Resultado por pantalla

```
Vehículo: coche
Vehículo: autobus
Vehículo: camión
Vehículo: helicóptero
```

Solución

```python
vehicles = ("coche", "autobus", "camión", "helicóptero")

for vehicle in vehicles:
    print("Vehículo: {}".format(vehicle))
```

Ejercicio 2

Escribe un programa que sume todos los números de esta tupla *(12, 131, 1, 45)*.

Resultado por pantalla

```
Resultado: 189
```

Solución

```
numbers = (12, 131, 1, 45)
print("Resultado: {}".format(sum(numbers)))
```

Ejercicio 3

Escribe un programa que obtenga el máximo valor de esta tupla *(12, 131, 1, 45)*.

Solución

```
numbers = (12, 131, 1, 45)

print("Máximo: {}".format(max(numbers)))
```

Resultado por pantalla

```
Máximo: 131
```

Ejercicio 4

Escribe un programa que obtenga el mínimo valor de esta tupla *(12, 131, 1, 45)*.

Resultado por pantalla

```
Mínimo: 1
```

Solución

```python
numbers = (12, 131, 1, 45)
print("Mínimo: {}".format(min(numbers)))
```

Ejercicio 5

Escribe un programa que encuentre el número de veces que aparece el número 7 en la siguiente tupla: *(7, 9, 18, 7, 9, 6, 23, 7)*

Resultado por pantalla

```
El número 7 aparece 3 veces
```

Solución

```
numbers = (7, 9, 18, 7, 9, 6, 23, 7)
find = 7

print("El número {} aparece {} veces".format(find, numbers
    .count(find)))
```

Ejercicio 6

¿Cuál es la salida obtenida tras la ejecución del siguiente programa?

```
example = (2, 5, 7, 8, 7, 5, 4, 6, 8, 5)

x = example.index(8)

print(x)
```

Solución

```
3
```

Ejercicio 7

Escribe un programa que ordene en orden descendente la siguiente lista de tuplas: *[('item1', 6.25), ('item2', 10.10), ('item3', 8.75)]*

Resultado por pantalla

```
Original: [('item1', 6.25), ('item2', 10.1), ('item3',
    8.75)]
Ordenada: [('item2', 10.1), ('item3', 8.75), ('item1',
    6.25)]
```

Solución

```
items = [("item1", 6.25), ("item2", 10.10), ("item3",
    8.75)]
items_sorted = sorted(items, key=lambda x: x[1], reverse=
    True)

print("Original: {}".format(items))
print("Ordenada: {}".format(items_sorted))
```

Ejercicio 8

Escribe un programa que solicite al usuario su nombre, apellidos y edad. La información solicitada se debe almacenar en una tupla.

Resultado por pantalla

```
Introduce tu nombre: David
Introduce tus apellidos: Fernandez
Introduce tu edad: 31
('David', 'Fernandez', 31)
```

Solución

```python
name = input("Introduce tu nombre: ")
surname = input("Introduce tus apellidos: ")
age = int(input("Introduce tu edad: "))

person = (name, surname, age)

print(person)
```

Ejercicio 9

Escribe un programa que ordene por el tercer campo en orden ascendente la siguiente lista de tuplas: *[('item1', 6.25, 7.68), ('item2', 10.10, 30.15), ('item3', 8.75, 2.75)]*

Resultado por pantalla

```
Original: [('item1', 6.25, 7.68), ('item2', 10.1, 30.15),
    ('item3', 8.75, 2.75)]
Ordenada: [('item3', 8.75, 2.75), ('item1', 6.25, 7.68), (
    'item2', 10.1, 30.15)]
```

Solución

```
items = [("item1", 6.25, 7.68), ("item2", 10.10, 30.15), (
    "item3", 8.75, 2.75)]
items_sorted = sorted(items, key=lambda x: x[2])

print("Original: {}".format(items))
print("Ordenada: {}".format(items_sorted))
```

Ejercicio 10

Escribe un programa que obtenga el máximo valor de la siguiente lista de tuplas: *[('item1', 6.25, 7.68), ('item2', 10.10, 30.15), ('item3', 8.75, 2.75)]* en base al segundo elemento.

Nota: Debe utilizar el segundo valor de cada tupla para filtrar.

Resultado por pantalla

```
Máximo: ('item2', 10.1, 30.15)
```

Solución

```python
items = [("item1", 6.25, 7.68), ("item2", 10.10, 30.15), (
    "item3", 8.75, 2.75)]
maximum = max(items, key=lambda item: item[1])

print("Máximo: {}".format(maximum))
```

Ejercicio 11

Escribe un programa que obtenga la persona con mayor edad de la siguiente lista de tuplas: *[('David', 31), ('Bren', 34), ('Steve', 50)]*. Por último, el programa mostrará un mensaje como este: *X es el mayor. Tiene Y años.*

Resultado por pantalla

```
Steve es el mayor. Tiene 50 años.
```

Solución

```python
people = [("David", 31), ("Bren", 34), ("Steve", 50)]
person = max(people, key=lambda item: item[1])

print("{} es el mayor. Tiene {} años.".format(person[0],
    person[1]))
```

Ejercicio 12

Escribe un programa que obtenga una lista de tuplas filtradas por una condición dada. La condición es ser menor de 40 años y la lista de tuplas original es: *[('David', 31), ('Bren', 34), ('Steve', 50)]*.

Nota: Debe utilizar listas de comprensión para este ejercicio.

Resultado por pantalla

```
Resultado: [('David', 31), ('Bren', 34)]
```

Solución

```python
people = [("David", 31), ("Bren", 34), ("Steve", 50)]
result = [person for person in people if person[1] < 40]

print("Resultado: {}".format(result))
```

Ejercicio 13

Escribe un programa que obtenga una lista con los nombres de las personas que sean mayores de edad sobre la siguiente lista de tuplas: *[('Sam', 31), ('Tom', 12), ('Bren', 34), ('Steve', 15)]*.

Nota: Debe utilizar listas de comprensión para este ejercicio.

Resultado por pantalla

```
Resultado: ['Sam', 'Bren']
```

Solución

```
people = [("Sam", 31), ("Tom", 12), ("Bren", 34), ("Steve"
    , 15)]
result = [person[0] for person in people if person[1] >=
    18]

print("Resultado: {}".format(result))
```

Ejercicio 14

¿Cuál es la salida obtenida tras la ejecución del siguiente programa?

```
people = [("Sam", 31), ("Tom", 12), ("Bren", 34), ("Steve"
    , 15)]

print(people[2:])
```

Solución

```
[('Bren', 34), ('Steve', 15)]
```

Ejercicio 15

¿Cuál es la salida obtenida tras la ejecución del siguiente programa?

```
people = [("Sam", 31), ("Tom", 12), ("Bren", 34), ("Steve"
    , 15)]

print(people[-1])
```

Solución

```
('Steve', 15)
```

Ejercicio 16

¿Cuál es la salida obtenida tras la ejecución del siguiente programa?

```
example = tuple((1, 4, 34, 67, 6, 9))
index = example.index(6)

print(index)
```

Solución

```
4
```

Ejercicio 17

Escribe un programa que invierta los valores de una tupla, es decir, la siguiente tupla *(10, 20, 30, 40, 50, 60)* debe de aparecer como: *(60, 50, 40, 30, 20, 10)*.

Resultado por pantalla

```
(60, 50, 40, 30, 20, 10)
```

Solución

```python
numbers = tuple((10, 20, 30, 40, 50, 60))
numbers_reversed = reversed(numbers)

print(tuple(numbers_reversed))
```

Ejercicio 18

Escribe un programa que modifique *Hello* por *Bye* dentro de la siguiente tupla: *('Hello', 'David!!')*. Posteriormente, deberá de imprimir *Bye David!!*.

Resultado por pantalla

```
Bye  David !!
```

Solución

```
words = ("Hello", "David!!")
auxiliar = list(words)
auxiliar[0] = "Bye"

words = tuple(auxiliar)

print(" ".join(words))
```

Ejercicio 19

Escribe un programa que descomprima la siguiente tupla *('David', 'Fernandez', 31)* en tres variables y muestre el valor de cada variable.

Resultado por pantalla

```
Nombre: David
Apellido: Fernandez
Edad: 31
```

Solución

```python
person = ("David", "Fernandez", 31)

name, surname, age = person

print("Nombre: {}".format(name))
print("Apellido: {}".format(surname))
print("Edad: {}".format(age))
```

Ejercicio 20

Escribe un programa que recorra la siguiente lista de tuplas *[('Marina', 'Smith', 18), ('David', 'Fernandez', 31), ('Tom', 'Clark', 45)]* , descomprima en el bucle las distintas variables y muestre el valor de cada variable.

Resultado por pantalla

```
Nombre: Marina
Apellido: Smith
Edad: 18

Nombre: David
Apellido: Fernandez
Edad: 31

Nombre: Tom
Apellido: Clark
Edad: 45
```

Solución

```python
people = [("Marina", "Smith", 18), ("David", "Fernandez",
    31), ("Tom", "Clark", 45)]

for name, surname, age in people:
    print("Nombre: {}".format(name))
    print("Apellido: {}".format(surname))
    print("Edad: {}".format(age))
    print()
```

7 Estructuras de datos. Diccionarios

Ejercicio 1

Escribe un programa que lea el siguiente diccionario {'name': 'David', 'surname': 'Fernandez'}.

Resultado por pantalla

```
name tiene el siguiente valor: David
surname tiene el siguiente valor: Fernandez
------------
name tiene el siguiente valor: David
surname tiene el siguiente valor: Fernandez
------------
name tiene el siguiente valor: David
surname tiene el siguiente valor: Fernandez
```

Solución

```
person = {
    "name": "David",
    "surname": "Fernandez",
}

# Alternativa 1
for key in person:
```

```
    print("{} tiene el siguiente valor: {}".format(key,
    person[key]))

print("------------")

# Alternativa 2
for key, value in person.items():
    print("{} tiene el siguiente valor: {}".format(key,
    value))

print("------------")

# Alternativa 3
for key in person.keys():
    print("{} tiene el siguiente valor: {}".format(key,
    person[key]))
```

Ejercicio 2

Escribe un programa que escriba en el siguiente diccionario
{'name': 'David', 'surname': 'Fernandez'} la edad de dicha persona
con valor *18*.

Resultado por pantalla

```
name tiene el siguiente valor: David
surname tiene el siguiente valor: Fernandez
age tiene el siguiente valor: 18
```

Solución

```python
person = {
    "name": "David",
    "surname": "Fernandez",
}

person["age"] = 18

for key, value in person.items():
    print("{} tiene el siguiente valor: {}".format(key,
    value))
```

Ejercicio 3

Escribe un programa que devuelva una lista con todas las claves del siguiente diccionario *{'name': 'David', 'surname': 'Fernandez'}*.

Resultado por pantalla

```
[ 'name' , 'surname' ]
```

Solución

```
person = {
    "name": "David",
    "surname": "Fernandez",
}

keys = list(person.keys())

print(keys)
```

Ejercicio 4

Escribe un programa que devuelva una lista con todos los valores del siguiente diccionario *{'name': 'David', 'surname': 'Fernandez'}*.

Resultado por pantalla

```
['David', 'Fernandez']
```

Solución

```python
person = {
    "name": "David",
    "surname": "Fernandez",
}

values = list(person.values())

print(values)
```

Ejercicio 5

¿Cuál es la salida obtenida tras la ejecución del siguiente programa?

```
example = {1: "A", 2: "B", 3: "C"}

example.clear()

print("Resultado: {}".format(example))
```

Solución

```
Resultado: {}
```

Ejercicio 6

¿Cuál es la salida obtenida tras la ejecución del siguiente programa?

```
example = {1: "A", 2: "B", 3: "C"}

print("Resultado: {}".format(example[2]))
```

Solución

```
Resultado: B
```

Ejercicio 7

Escribe un programa que devuelva la persona que tiene mayor edad dada la siguiente lista de diccionarios.

```
people = [
    {
        "name": "Bren",
        "age": 18,
    },
    {
        "name": "Sam",
        "age": 31,
    },
    {
        "name": "Steve",
        "age": 42,
    },
]
```

Resultado por pantalla

```
El mayor es: {'name': 'Steve', 'age': 42}
```

Solución

```
people = [
    {
        "name": "Bren",
        "age": 18,
    },
    {
        "name": "Sam",
        "age": 31,
    },
    {
```

```
        "name": "Steve",
        "age": 42,
    },
]

maximum = max(people, key=lambda person: person["age"])

print("El mayor es: {}".format(maximum))
```

Ejercicio 8

Escribe un programa que ordene la siguiente lista de personas por la edad en orden alfabético descendente.

```
people = [
    {
        "name": "Bren",
        "age": 18,
    },
    {
        "name": "Sam",
        "age": 31,
    },
    {
        "name": "Steve",
        "age": 42,
    },
]
```

Resultado por pantalla

```
[{'name': 'Steve', 'age': 42}, {'name': 'Sam', 'age': 31},
    {'name': 'Bren', 'age': 18}]
```

Solución

```
people = [
    {
        "name": "Bren",
        "age": 18,
    },
    {
        "name": "Sam",
        "age": 31,
    },
```

```
    {
        "name": "Steve",
        "age": 42,
    },
]

people_sorted = sorted(people, key=lambda person: person["
    age"], reverse=True)

print(people_sorted)
```

Ejercicio 9

Escribe un programa que filtre la siguiente lista por aquellas personas que tengan más de 30 años.

```
people = [
    {
        "name": "Bren",
        "age": 18,
    },
    {
        "name": "Sam",
        "age": 31,
    },
    {
        "name": "Steve",
        "age": 42,
    },
]
```

Resultado por pantalla

```
[{'name': 'Sam', 'age': 31}, {'name': 'Steve', 'age': 42}]
```

Solución

```
people = [
    {
        "name": "Bren",
        "age": 18,
    },
    {
        "name": "Sam",
        "age": 31,
    },
    {
```

```
        "name": "Steve",
        "age": 42,
    },
]

people_filtered = [person for person in people if person["
    age"] > 30]

print(people_filtered)
```

Ejercicio 10

Escribe un programa que solicite nombre, edad y estatura. Posteriormente, dicha información deberá ser almacenada en un diccionario.

Resultado por pantalla

```
Introduce tu nombre: David
Introduce tu edad: 18
Introduce tu altura: 1.90
{'name': 'David', 'age': 18, 'height': 1.9}
```

Solución

```
name = input("Introduce tu nombre: ")
age = int(input("Introduce tu edad: "))
height = float(input("Introduce tu altura: "))

person = dict()
person["name"] = name
person["age"] = age
person["height"] = height

print(person)
```

Ejercicio 11

¿Cuál es la salida obtenida tras la ejecución del siguiente programa?

```
dict1 = {"name": "David"}

dict2 = {"height": 1.92}

dict3 = {"surname": "Fernandez"}

person = {**dict1, **dict2, **dict3}

print(person)
```

Solución

```
{'name': 'David', 'height': 1.92, 'surname': 'Fernandez'}
```

Ejercicio 12

Escribe un programa que muestre la propiedad *name* para el tipo *Crossover* dado el siguiente diccionario:

```
vehicle = {
    "car": {
        "types": [
            {"type": "SUV", "name": "Example 1"},
            {"type": "Crossover", "name": "Example 2"},
        ]
    }
}
```

Resultado por pantalla

```
El nombre es Example 2
```

Solución

```
vehicle = {
    "car": {
        "types": [
            {"type": "SUV", "name": "Example 1"},
            {"type": "Crossover", "name": "Example 2"},
        ]
    }
}

name = vehicle["car"]["types"][1]["name"]

print("El nombre es {}".format(name))
```

Ejercicio 13

Escribe un programa que muestre el total de profesores dado el siguiente diccionario:

```
example = {
    "school": {
        "teachers": [
            {"teacher": "Margarita"},
            {"teacher": "Pedro"},
        ]
    }
}
```

Resultado por pantalla

```
Total profesores: 2
```

Solución

```
example = {
    "school": {
        "teachers": [
            {"teacher": "Margarita"},
            {"teacher": "Pedro"},
        ]
    }
}

teachers = len(example["school"]["teachers"])

print("Total profesores: {}".format(teachers))
```

Ejercicio 14

Escribe un programa que elimine una lista de claves *["population", "id"]* del siguiente diccionario:

```
dictionary = {
    "city": "Madrid",
    "country": "Spain",
    "id": 123456,
    "population": 123485467,
}
```

Resultado por pantalla

```
Antes: {'city': 'Madrid', 'country': 'Spain', 'id':
    123456, 'population': 123485467}
Después: {'city': 'Madrid', 'country': 'Spain'}
```

Solución

```
dictionary = {
    "city": "Madrid",
    "country": "Spain",
    "id": 123456,
    "population": 123485467,
}
keys = ["population", "id"]
print("Antes: {}".format(dictionary))

for key in keys:
    dictionary.pop(key)

print("Después: {}".format(dictionary))
```

Ejercicio 15

Escribe un programa que compruebe si el valor *18* se encuentra en el siguiente diccionario. En caso afirmativo, mostrar un mensaje informando de ello.

```
dictionary = {
    "field1": 20,
    "field2": 18,
    "field3": 123,
    "field4": 67,
}
```

Resultado por pantalla

```
18 está en el diccionario
```

Solución

```
dictionary = {
    "field1": 20,
    "field2": 18,
    "field3": 123,
    "field4": 67,
}

if 18 in dictionary.values():
    print('18 está en el diccionario')
```

Ejercicio 16

Escribe un programa que renombre la clave *city* por *location* en el siguiente diccionario:

```
person = {"name": "David", "city": "Barcelona"}
```

Resultado por pantalla

```
Antes: {'name': 'David', 'city': 'Barcelona'}
Después: {'name': 'David', 'location': 'Barcelona'}
```

Solución

```
person = {"name": "David", "city": "Barcelona"}

print("Antes: {}".format(person))

person['location'] = person.pop('city')

print("Después: {}".format(person))
```

Ejercicio 17

Escribe un programa que realice una copia del siguiente diccionario y muestre por pantalla los dos diccionarios.

```
persona = {"name": "David", "city": "Barcelona"}
```

Resultado por pantalla

```
Persona:  {'name': 'David', 'city': 'Barcelona'}
Copia:  {'name': 'David', 'city': 'Barcelona'}
```

Solución

```
persona = {"name": "David", "city": "Barcelona"}

copia = persona.copy()

print("Persona: ", persona)
print("Copia: ", copia)
```

Ejercicio 18

Escribe un programa que solicite al usuario el nombre de una fruta. Acto seguido dicha información se almacenará en una lista. Finalmente, mostraremos la información almacenada en la lista, así como el total de frutas. Por último, el programa deberá de finalizar cuando el usuario escriba *fin*.

Resultado por pantalla

```
Introduce una fruta: manzana
Introduce una fruta: sandía
Introduce una fruta: plátano
Introduce una fruta: fin
Frutas: [{'name': 'manzana'}, {'name': 'sandía'}, {'name'
    : 'plátano'}]
Total frutas: 3
```

Solución

```
fruits = []

fruit = input("Introduce una fruta: ")
if fruit != "fin":
    fruits.append({"name": fruit})

    while fruit != "fin":
        fruit = input("Introduce una fruta: ")
        if fruit != "fin":
            fruits.append({"name": fruit})

print("Frutas: ", fruits)
print("Total frutas: ", len(fruits))
```

Ejercicio 19

Escribe un programa que devuelva el top 3 con mayores valores dada la siguiente lista de diccionarios:

```
numbers = [
    {"number": 15},
    {"number": 29},
    {"number": 1},
    {"number": 150},
    {"number": 78},
]
```

Resultado por pantalla

```
[{'number': 150}, {'number': 78}, {'number': 29}]
```

Solución

```
numbers = [
    {"number": 15},
    {"number": 29},
    {"number": 1},
    {"number": 150},
    {"number": 78},
]

numbers_sorted = sorted(numbers, key=lambda number: number
    ["number"], reverse=True)
top3 = numbers_sorted[:3]

print(top3)
```

Ejercicio 20

¿Cuál es la salida obtenida tras la ejecución del siguiente programa?

```
keys = ["number1", "number2", "number3", "number4"]
value = 0

example = dict.fromkeys(keys, value)

print(example)
```

Solución

```
{'number1': 0, 'number2': 0, 'number3': 0, 'number4': 0}
```

8 Funciones

Ejercicio 1

Escribe una función llamada *test* que devuelva el siguiente mensaje *Hola Francisco!!*.

Resultado por pantalla

```
Hola  Francisco !!
```

Solución

```python
def test ():
    return "Hola  Francisco !!"


print ( test ())
```

Ejercicio 2

Escribe una función llamada *test* que muestre el siguiente mensaje *Hola Francisco!!* sin utilizar la siguiente palabra reservada: *return*.

Resultado por pantalla

```
Hola  Francisco !!
```

Solución

```python
def test():
    print("Hola  Francisco !!")

test()
```

Ejercicio 3

Escribe una función llamada *multiplication* que dado dos parámetros de entrada, devuelva la multiplicación de ambos números.

Resultado por pantalla

```
Resultado: 6
```

Solución

```
def multiplication(number1, number2):
    return number1 * number2


operation = multiplication(2, 3)

print("Resultado: {}".format(operation))
```

Ejercicio 4

Escribe una función llamada *maximum* que reciba una lista como parámetro de entrada y devuelva el máximo número encontrado.

Resultado por pantalla

```
Máximo: 87
```

Solución

```python
def maximum(numbers):
    return max(numbers)


numbers = [14, 2, 87, 64]

print("Máximo: {}".format(maximum(numbers)))
```

Ejercicio 5

Escribe una función llamada *minimum* que reciba una lista como parámetro de entrada y devuelva el mínimo número encontrado.

Resultado por pantalla

```
Mínimo: 2
```

Solución

```python
def minimum(numbers):
    return min(numbers)


numbers = [14, 2, 87, 64]

print("Mínimo: {}".format(minimum(numbers)))
```

Ejercicio 6

Escribe una función llamada *factorial* que reciba un número y muestre el factorial para dicho número.

Resultado por pantalla

```
El factorial de 5 es 120
```

Solución

```python
def factorial(number):
    factorial = 1

    if number < 0:
        print("El factorial no existe para números
    negativos")
    elif number == 0:
        print("El factorial de 0 es 1")
    else:
        for x in range(1, number + 1):
            factorial = factorial * x
        print("El factorial de {} es {}".format(number,
    factorial))


factorial(5)
```

Ejercicio 7

Escribe una función llamada *odd_numbers* que reciba un número y calcule los números impares desde el 1 hasta N. La función deberá almacenar todos los números impares en una lista y posteriormente devolver dicha lista.

Resultado por pantalla

```
[1, 3, 5, 7, 9, 11, 13, 15, 17, 19]
```

Solución

```python
def odd_numbers(limit):
    numbers = []
    for number in range(1, limit + 1):
        if number % 2 == 1:
            numbers.append(number)
    return numbers


print(odd_numbers(20))
```

Ejercicio 8

Escribe una función llamada *odd_or_even* que reciba un número y devuelva *impar* o *par* en función de si el número es impar o par.

Resultado por pantalla

```
10 es Par
7 es Impar
```

Solución

```
def odd_or_even(number):
    result = "Impar"
    if number % 2 == 0:
        result = "Par"

    return result


number1 = 10
check_number1 = odd_or_even(number1)

number2 = 7
check_number2 = odd_or_even(number2)

print("{} es {}".format(number1, check_number1))
print("{} es {}".format(number2, check_number2))
```

Ejercicio 9

Escribe una función llamada *top3* que reciba una lista de diccionarios y devuelva el top 3 que tengan mayor valor. Ejemplo de lista:

```
numbers = [
    {"number":  15},
    {"number":  29},
    {"number":  1},
    {"number":  150},
    {"number":  78},
]
```

Resultado por pantalla

```
[{'number':  150}, {'number':  78}, {'number':  29}]
```

Solución

```
def top3(numbers):
    numbers_sorted = sorted(numbers, key=lambda number:
    number["number"], reverse=True)
    return numbers_sorted[:3]


numbers = [
    {"number":  15},
    {"number":  29},
    {"number":  1},
    {"number":  150},
    {"number":  78},
]

numbers_top3 = top3(numbers)
```

```
print(numbers_top3)
```

Ejercicio 10

Escribe una función llamada *filter_by_age* que reciba una lista de personas y una edad. La función deberá devolver una lista filtrada en base a la edad pasada por parámetros. Ejemplo de lista:

```
[("David", 31), ("Bren", 34), ("Steve", 50)]
```

Resultado por pantalla

```
Resultado: [('David', 31), ('Bren', 34)]
```

Solución

```
def filter_by_age(people, age):
    return [person for person in people if person[1] < age
    ]


people = [("David", 31), ("Bren", 34), ("Steve", 50)]
people_filtered = filter_by_age(people, 40)

print("Resultado: {}".format(people_filtered))
```

Ejercicio 11

Escribe una función llamada *fibonacci* que reciba un número *limit* como parámetro de entrada y calcule la serie de Fibonacci. La función mostrará los términos hasta el número dado por el parámetro *limit*.

Resultado por pantalla

```
0   1   1   2   3   5   8   13
```

Solución

```python
def fibonacci(limit):
    number1 = 0
    number2 = 1

    for i in range(limit):
        print(number1, end="   ")
        res = number1 + number2
        number1 = number2
        number2 = res

fibonacci(8)
```

Ejercicio 12

Escribe una función llamada *check_element* que compruebe si un elemento se encuentra dentro de una lista. Si el elemento se encuentra dentro de la lista, la función devolverá *True*. En caso contrario, la función devolverá *False*.

Resultado por pantalla

```
¿Está Margarita en la lista ['Francisco', 'Margarita']? -
    Respuesta: True
¿Está 4 en la lista [15, 68, 78, 12]? - Respuesta: False
```

Solución

```
def check_element(elements, element):
    return element in elements


test1 = ["Francisco", "Margarita"]
test2 = [15, 68, 78, 12]

element1 = "Margarita"
element2 = 4

check1 = check_element(test1, element1)
check2 = check_element(test2, element2)

print("¿Está {} en la lista {}? - Respuesta: {}".format(
    element1, test1, check1))
print("¿Está {} en la lista {}? - Respuesta: {}".format(
    element2, test2, check2))
```

Ejercicio 13

Escribe una función que tome una lista y devuelva otra lista sin elementos repetidos.

Resultado por pantalla

```
Antes:    [1, 1, 2, 2, 2, 3, 4, 5]
Después:  [1, 2, 3, 4, 5]
```

Solución

```python
def delete_duplicates(elements):
    return list(set(elements))


test = [1, 1, 2, 2, 2, 3, 4, 5]

print("Antes: ", test)
print("Después: ", delete_duplicates(test))
```

Ejercicio 14

Escribe una función que tome una palabra y devuelva la palabra del revés.

Resultado por pantalla

```
Antes:    Testing
Después:  gnitseT
```

Solución

```python
def reverse(word):
    words = []
    for index in range(len(word) - 1, -1, -1):
        words.append(word[index])

    return "".join(words)


word = "Testing"

print("Antes: ", word)
print("Después: ", reverse(word))
```

Ejercicio 15

Escribe una función que reciba una frase y devuelva el número total de vocales que tiene dicha frase. Ejemplo de frase: *Esto ES un ejemplo.*

Resultado por pantalla

```
La frase tiene 7 vocales
```

Solución

```python
def count_vowels(sentence):
    count = 0
    vowels = "aeiou"
    for letter in sentence:
        if letter.lower() in vowels:
            count = count + 1

    return count


sentence = "Esto ES un ejemplo"

print("La frase tiene {} vocales".format(count_vowels(
    sentence)))
```

Ejercicio 16

Escribe una función llamada *show_person* que reciba tres argumentos: *name, surname, age*. El tercer argumento *age* tendrá el siguiente valor por defecto: *18*. La función devolverá algo como *Francisco Silva tiene 18 años* cuando no se especifica un tercer parámetro. En caso contrario, se mostrará la edad especificada.

Resultado por pantalla

```
Francisco Silva tiene 18 años
Francisco Silva tiene 31 años
```

Solución

```
def show_person(name, surname, age=18):
    return "{} {} tiene {} años".format(name, surname, age
    )


print(show_person("Francisco", "Silva"))
print(show_person("Francisco", "Silva", 31))
```

Ejercicio 17

Escribe una función recursiva que calcule la suma desde 0 hasta *N*, siendo *N* un argumento de la función. Se dice que una función es recursiva cuando se llama a sí misma dentro del cuerpo de la función. Para el ejemplo se ha utilizado el valor *100*.

Resultado por pantalla

```
Resultado:   5050
```

Solución

```python
def addition(number):
    if number <= 1:
        return number
    return number + addition(number - 1)


result = addition(100)
print("Resultado: ", result)
```

Ejercicio 18

Escribe una función recursiva que calcule el factorial de un número N. Se dice que una función es recursiva cuando se llama a sí misma dentro del cuerpo de la función.

Resultado por pantalla

```
El factorial de 7 es 5040
El factorial de 5 es 120
El factorial de 0 es 1
```

Solución

```python
def factorial(number):
    if number == 0 or number == 1:
        return 1
    else:
        return number * factorial(number - 1)


test1 = 7
print("El factorial de {} es {}".format(test1, factorial(
    test1)))

test2 = 5
print("El factorial de {} es {}".format(test2, factorial(
    test2)))

test3 = 0
print("El factorial de {} es {}".format(test3, factorial(
    test3)))
```

Ejercicio 19

Escribe una función llamada *uppercase* que reciba una palabra y devuelva dicha palabra en mayúsculas.

Resultado por pantalla

```
Antes: Manzana, Después: MANZANA
Antes: Pera, Después: PERA
```

Solución

```python
def uppercase(word):
    return word.upper()


word1 = "Manzana"
word2 = "Pera"

print("Antes: {}, Después: {}".format(word1, uppercase(
    word1)))
print("Antes: {}, Después: {}".format(word2, uppercase(
    word2)))
```

Ejercicio 20

Escribe una función llamada *average* que calcule la media de una lista de números.

Resultado por pantalla

```
La media de [15, 65, 78] es 52.666666666666664
```

Solución

```
def average(numbers):
    return sum(numbers) / len(numbers)


numbers = [15, 65, 78]
print("La media de {} es {}".format(numbers, average(
    numbers)))
```

9 Programación orientada a objetos

Ejercicio 1

Escribe una clase llamada *Person* que contenga tres atributos: *name, surname* y *age*.

Resultado por pantalla

```
Nombre:   Marina
Apellido:   Flores
Edad:   33
```

Solución

```python
class Person:
    def __init__(self, name, surname, age):
        self.name = name
        self.surname = surname
        self.age = age


person = Person("Marina", "Flores", 33)

print("Nombre: ", person.name)
print("Apellido: ", person.surname)
print("Edad: ", person.age)
```

Ejercicio 2

Escribe una clase llamada *Person* que contenga tres atributos: *name, surname* y *age*. Esta clase tendrá adicionalmente una función que devolverá *True* si la persona es mayor de edad. En caso contrario, devolverá *False*.

Resultado por pantalla

```
Nombre:   Marina
Apellido:   Flores
Edad:   36
¿Es  adulto?:   True
----------------
Nombre:   Margarita
Apellido:   Rodriguez
Edad:   16
¿Es  adulto?:   False
```

Solución

```python
class Person:
    def __init__(self, name, surname, age):
        self.name = name
        self.surname = surname
        self.age = age

    def is_adult(self):
        return self.age >= 18


person1 = Person("Marina", "Flores", 36)
person2 = Person("Margarita", "Rodriguez", 16)

print("Nombre: ", person1.name)
print("Apellido: ", person1.surname)
```

```
print("Edad: ", person1.age)
print("¿Es adulto?: ", person1.is_adult())

print("---------------")

print("Nombre: ", person2.name)
print("Apellido: ", person2.surname)
print("Edad: ", person2.age)
print("¿Es adulto?: ", person2.is_adult())
```

Ejercicio 3

Escribe una clase llamada *Rectangle* que tenga una función para calcular el área del rectángulo. La clase tendrá los siguientes atributos: *length* y *width*.

Resultado por pantalla

```
Longitud:   10
Ancho:   5
Area:   50
```

Solución

```python
class Rectangle:
    def __init__(self, length, width):
        self.length = length
        self.width = width

    def area(self):
        return self.length * self.width


rectangle = Rectangle(10, 5)

print("Longitud: ", rectangle.length)
print("Ancho: ", rectangle.width)
print("Area: ", rectangle.area())
```

Ejercicio 4

Escribe una clase llamada *Circle* que tenga dos funciones para calcular el área del círculo y su perímetro. La clase tendrá el siguiente atributo *radius*.

Resultado por pantalla

```
Radio:   2
Area:    12.56
Perímetro:   12.56
```

Solución

```python
class Circle:
    def __init__(self, radius):
        self.radius = radius

    def area(self):
        return self.radius * self.radius * 3.14

    def perimeter(self):
        return 2 * self.radius * 3.14


circle = Circle(2)

print("Radio: ", circle.radius)
print("Area: ", circle.area())
print("Perímetro: ", circle.perimeter())
```

Ejercicio 5

Escribe una clase llamada *Square* que tenga una función para calcular el área del cuadrado. La clase tendrá el siguiente atributo *side*.

Resultado por pantalla

```
Lado:   15
Area:   225
```

Solución

```
class Square:
    def __init__(self, side):
        self.side = side

    def area(self):
        return self.side * self.side


square = Square(15)

print("Lado: ", square.side)
print("Area: ", square.area())
```

Ejercicio 6

Escribe una clase llamada *Vehicle* que reciba tres propiedades: *name, color* y *capacity*. Además, esta clase posee una función llamada *show_details* que devuelve un mensaje con la información de cada atributo.

Resultado por pantalla

```
Nombre: Prueba, Color: Rojo, Capacidad: 2
```

Solución

```python
class Vehicle:
    def __init__(self, name, color, capacity):
        self.name = name
        self.color = color
        self.capacity = capacity

    def show_details(self):
        message = "Nombre: {}, Color: {}, Capacidad: {}".
    format(
            self.name, self.color, self.capacity
        )
        return message


vehicle = Vehicle("Prueba", "Rojo", 2)
print(vehicle.show_details())
```

Ejercicio 7

Escribe una clase llamada *Car* que herede los atributos y la función de la clase *Vehicle* del ejercicio anterior.

Resultado por pantalla

Nombre: MiCoche, Color: Blanco, Capacidad: 2

Solución

```
class Vehicle:
    def __init__(self, name, color, capacity):
        self.name = name
        self.color = color
        self.capacity = capacity

    def show_details(self):
        message = "Nombre: {}, Color: {}, Capacidad: {}".
    format(
            self.name, self.color, self.capacity
        )
        return message


class Car(Vehicle):
    pass


car = Car("MiCoche", "Blanco", 2)
print(car.show_details())
```

Ejercicio 8

Escribe una clase llamada *Calculator* que reciba dos propiedades: *operand1* y *operand2*. Esta clase posee dos funciones: *addition*
y *subtraction* encargadas de realizar la suma y la resta respecti-
vamente.

Resultado por pantalla

```
Suma:    13
Resta:    1
```

Solución

```python
class Calculator:
    def __init__(self, operand1, operand2):
        self.operand1 = operand1
        self.operand2 = operand2

    def addition(self):
        return self.operand1 + self.operand2

    def subtraction(self):
        return self.operand1 - self.operand2


calculator = Calculator(7, 6)

print("Suma: ", calculator.addition())
print("Resta: ", calculator.subtraction())
```

Ejercicio 9

Escribe una clase llamada *Reminder* que tenga una propiedad interna que sea una lista vacía llamada *tasks*. La clase dispondrá de dos funciones: una función llamada *add_task* que añadirá una tarea a dicha lista y otra función *show_tasks* para mostrar los elementos de dicha lista.

Resultado por pantalla

```
Tareas:   ['Escuchar música', 'Estudiar programación']
```

Solución

```python
class Reminder:
    def __init__(self):
        self.tasks = []

    def add_task(self, task):
        self.tasks.append(task)

    def show_tasks(self):
        print("Tareas: ", self.tasks)

reminder = Reminder()

reminder.add_task("Escuchar música")
reminder.add_task("Estudiar programación")

reminder.show_tasks()
```

Ejercicio 10

Escribe una clase llamada *ShoppingBasket* que tenga una propiedad interna que sea una lista vacía llamada *items*. La clase dispondrá de dos funciones: una función llamada *add_item* que añadirá un artículo de la compra a la lista *items* y otra función *show_items* para mostrar los artículos de la compra.

Resultado por pantalla

```
Cesta:
 -  Manzana
 -  Leche
 -  Agua
```

Solución

```python
class ShoppingBasket:
    def __init__(self):
        self.items = []

    def add_item(self, task):
        self.items.append(task)

    def show_items(self):
        print("Cesta: ")
        for index in range(len(self.items)):
            print(" - ", self.items[index])


shoppingBasket = ShoppingBasket()

shoppingBasket.add_item("Manzana")
shoppingBasket.add_item("Leche")
shoppingBasket.add_item("Agua")
```

```
shoppingBasket.show_items()
```

10 Tratamiento de Ficheros CSV

Ejercicio 1

Escribe un programa que lea el siguiente fichero CSV *personas.csv* que contiene la siguiente información:

```
nombre , apellidos , edad
David , Fernandez , 100
Jaime , Clark , 45
Marina , Smith , 18
Steve , Smith , 63
```

El programa deberá imprimir el total de columnas que tiene dicho CSV y el nombre de cada una de sus columnas.

Nota: Para poder leer el fichero CSV, debe especificar correctamente la ruta de este. Por ello se recomienda ubicar el fichero CSV en la misma ruta que su programa.

Resultado por pantalla

```
Total Columnas: 3
Columnas CSV: nombre, apellidos , edad
```

Solución

```
import csv
```

198

```
ruta_fichero = "personas.csv"

with open(ruta_fichero, encoding='utf-8') as fichero:
    lector = csv.reader(fichero, delimiter=",")
    num_fila = 0
    for fila in lector:
        if num_fila == 0:
            print("Total Columnas: {}".format(len(fila)))
            print("Columnas CSV: {}".format(", ".join(fila
)))
            num_fila = num_fila + 1
```

Ejercicio 2

Escribe un programa que lea el siguiente fichero CSV *personas.csv* que contiene la siguiente información:

```
nombre,apellidos ,edad
David,Fernandez,100
Jaime ,Clark ,45
Marina ,Smith ,18
Steve ,Smith ,63
```

El programa deberá representar la información como se presenta en el *Resultado por pantalla*.

Nota: Para poder leer el fichero CSV, debe especificar correctamente la ruta de este. Por ello se recomienda ubicar el fichero CSV en la misma ruta que su programa.

Resultado por pantalla

```
Nombre:   David
Apellido:   Fernandez
Edad:   100
*************

Nombre:   Jaime
Apellido:   Clark
Edad:   45
*************

Nombre:   Marina
Apellido:   Smith
Edad:   18
*************

Nombre:   Steve
Apellido:   Smith
Edad:   63
```

```
*************
```

Solución

```python
import csv

ruta_fichero = "personas.csv"

with open(ruta_fichero, encoding='utf-8') as fichero:
    lector = csv.reader(fichero, delimiter=",")
    next(lector)  # Gracias a esto evitamos la primera
    # fila del fichero CSV
    for nombre, apellido, edad in lector:
        print("Nombre: ", nombre)
        print("Apellido: ", apellido)
        print("Edad: ", edad)
        print("*************")
        print()
```

Ejercicio 3

Escribe una función que lea el siguiente fichero CSV *perso-nas.csv* que contiene la siguiente información:

```
nombre , apellidos , edad
David , Fernandez , 100
Jaime , Clark , 45
Marina , Smith , 18
Steve , Smith , 63
```

La función tiene que:

- Devolver una lista con los nombres de todas las personas que hay dentro del fichero CSV.

Nota: Para poder leer el fichero CSV, debe especificar correctamente la ruta de este. Por ello se recomienda ubicar el fichero CSV en la misma ruta que su programa.

Resultado por pantalla

```
Nombres:    ['David', 'Jaime', 'Marina', 'Steve']
```

Solución

```python
import csv


def leer_fichero(ruta_fichero):
    nombres = []

    with open(ruta_fichero, encoding='utf-8') as fichero:
        lector = csv.reader(fichero, delimiter=",")
        next(lector)
        for nombre, apellido, edad in lector:
```

```
            nombres.append(nombre)

    return nombres


nombres = leer_fichero("personas.csv")

print("Nombres: ", nombres)
```

Ejercicio 4

Escribe una función que lea el siguiente fichero CSV *personas.csv* que contiene la siguiente información:

```
nombre, apellidos , edad
David , Fernandez ,100
Jaime , Clark ,45
Marina , Smith ,18
Steve , Smith ,63
```

La función tiene que:

- Devolver una lista donde cada elemento es de tipo *namedtuple*.

- Tener en cuenta que no todos los datos son de tipo *str*, es decir, requiere conversión de datos.

Nota: Para poder leer el fichero CSV, debe especificar correctamente la ruta de este. Por ello se recomienda ubicar el fichero CSV en la misma ruta que su programa.

Resultado por pantalla

```
Personas:   [Persona (nombre='David',  apellido='Fernandez',
    edad=100),  Persona (nombre='Jaime',  apellido='Clark',
    edad=45),  Persona (nombre='Marina',  apellido='Smith',
    edad=18),  Persona (nombre='Steve',  apellido='Smith',
    edad=63)]
```

Solución

```python
import csv
from collections import namedtuple
```

```python
persona = namedtuple("Persona", ["nombre", "apellido", "
    edad"])


def leer_fichero(ruta_fichero):
    personas = []

    with open(ruta_fichero, encoding='utf-8') as fichero:
        lector = csv.reader(fichero, delimiter=",")
        next(lector)
        for nombre, apellido, edad in lector:
            edad = int(edad)
            personas.append(persona(nombre, apellido, edad
    ))

    return personas


personas = leer_fichero("personas.csv")

print("Personas: ", personas)
```

Ejercicio 5

Escribe una función que dado el ejercicio anterior, devuelva una lista ordenada por la edad en orden ascendente. La información se deberá representar como aparece en el *Resultado por pantalla*.

Nota: Para poder leer el fichero CSV, debe especificar correctamente la ruta de este. Por ello se recomienda ubicar el fichero CSV en la misma ruta que su programa.

Resultado por pantalla

```
Marina Smith tiene 18
Jaime Clark tiene 45
Steve Smith tiene 63
David Fernandez tiene 100
```

Solución

```python
import csv
from collections import namedtuple


persona = namedtuple("Persona", ["nombre", "apellido", "
    edad"])


def leer_fichero(ruta_fichero):
    personas = []

    with open(ruta_fichero, encoding='utf-8') as fichero:
        lector = csv.reader(fichero, delimiter=",")
        next(lector)
        for nombre, apellido, edad in lector:
```

```
            edad = int(edad)
            personas.append(persona(nombre, apellido, edad
    ))

    return personas


def ordenar_por_edad(personas):
    return sorted(personas, key=lambda persona: persona.
    edad)


personas = leer_fichero("personas.csv")

personas_ordenadas_por_edad = ordenar_por_edad(personas)

for persona in personas_ordenadas_por_edad:
    print(persona.nombre, persona.apellido, "tiene",
    persona.edad)
```

Ejercicio 6

Escribe una función que lea el siguiente fichero CSV *frutas.csv* que contiene la siguiente información:

```
nombre,temporada,precio
Naranja,Primavera,1.85
Fresa,Primavera,6.25
Kiwi,Primavera,4.76
Ciruela,Verano,5.15
Ciruela,Verano,1.25
Pomelo,Otoño,2.64
Naranja,Invierno,2.05
```

La función tiene que:

- Devolver una lista donde cada elemento es de tipo *namedtuple*.

- Tener en cuenta que no todos los datos son de tipo *str*, es decir, requiere conversión de datos.

Nota: Para poder leer el fichero CSV, debe especificar correctamente la ruta de este. Por ello se recomienda ubicar el fichero CSV en la misma ruta que su programa.

Resultado por pantalla

```
[Fruta(nombre='Naranja', temporada='Primavera', precio
    =1.85), Fruta(nombre='Fresa', temporada='Primavera',
    precio=6.25), Fruta(nombre='Kiwi', temporada='
    Primavera', precio=4.76), Fruta(nombre='Ciruela',
    temporada='Verano', precio=5.15), Fruta(nombre='
    Ciruela', temporada='Verano', precio=1.25), Fruta(
    nombre='Pomelo', temporada='Otoño', precio=2.64),
    Fruta(nombre='Naranja', temporada='Invierno', precio
    =2.05)]
```

Solución

```python
import csv
from collections import import namedtuple


fruta = namedtuple("Fruta", ["nombre", "temporada", "
    precio"])


def leer_fichero(ruta_fichero):
    frutas = []

    with open(ruta_fichero, encoding="utf-8") as fichero:
        lector = csv.reader(fichero, delimiter=",")
        next(lector)
        for nombre, temporada, precio in lector:
            precio = float(precio)
            frutas.append(fruta(nombre, temporada, precio)
    )

    return frutas


frutas = leer_fichero("frutas.csv")
print(frutas)
```

Ejercicio 7

Escribe una función que dado el ejercicio anterior, devuelva una lista de diccionarios. La información se deberá representar como aparece en el *Resultado por pantalla*.

Nota: Para poder leer el fichero CSV, debe especificar correctamente la ruta de este. Por ello se recomienda ubicar el fichero CSV en la misma ruta que su programa.

Resultado por pantalla

```
[{'nombre': 'Naranja', 'temporada': 'Primavera', 'precio':
    1.85}, {'nombre': 'Fresa', 'temporada': 'Primavera',
    'precio': 6.25}, {'nombre': 'Kiwi', 'temporada': '
    Primavera', 'precio': 4.76}, {'nombre': 'Ciruela', '
    temporada': 'Verano', 'precio': 5.15}, {'nombre': '
    Ciruela', 'temporada': 'Verano', 'precio': 1.25}, {'
    nombre': 'Pomelo', 'temporada': 'Otoño', 'precio':
    2.64}, {'nombre': 'Naranja', 'temporada': 'Invierno',
    'precio': 2.05}]
```

Solución

```python
import csv
from collections import import namedtuple

fruta = namedtuple("Fruta", ["nombre", "temporada", "
    precio"])

def leer_fichero(ruta_fichero):
    frutas = []
```

```python
    with open(ruta_fichero, encoding="utf-8") as fichero:
        lector = csv.reader(fichero, delimiter=",")
        next(lector)
        for nombre, temporada, precio in lector:
            precio = float(precio)
            frutas.append(fruta(nombre, temporada, precio))
    )

    return frutas


def obtener_lista_diccionarios(frutas):
    resultado = []

    for fruta in frutas:
        fruta_diccionario = dict()
        fruta_diccionario["nombre"] = fruta.nombre
        fruta_diccionario["temporada"] = fruta.temporada
        fruta_diccionario["precio"] = fruta.precio
        resultado.append(fruta_diccionario)

    return resultado


frutas = leer_fichero("frutas.csv")
frutas_diccionario = obtener_lista_diccionarios(frutas)

print(frutas_diccionario)
```

Ejercicio 8

Escribe una función que dado el ejercicio anterior, filtre la lista de diccionarios por un parámetro dado. Este parámetro será la temporada. La información se deberá representar como aparece en el *Resultado por pantalla*.

Nota: Para poder leer el fichero CSV, debe especificar correctamente la ruta de este. Por ello se recomienda ubicar el fichero CSV en la misma ruta que su programa.

Resultado por pantalla

```
Temporada:   Verano
Total frutas:   2
Frutas:   [{'nombre': 'Ciruela', 'temporada': 'Verano', '
    precio': 5.15}, {'nombre': 'Ciruela', 'temporada': '
    Verano', 'precio': 1.25}]
```

Solución

```
import csv
from collections import namedtuple

fruta = namedtuple("Fruta", ["nombre", "temporada", "
    precio"])

def leer_fichero(ruta_fichero):
    frutas = []

    with open(ruta_fichero, encoding="utf-8") as fichero:
        lector = csv.reader(fichero, delimiter=",")
        next(lector)
```

```
        for nombre, temporada, precio in lector:
            precio = float(precio)
            frutas.append(fruta(nombre, temporada, precio)
    )

    return frutas


def obtener_lista_diccionarios(frutas):
    resultado = []

    for fruta in frutas:
        fruta_diccionario = dict()
        fruta_diccionario["nombre"] = fruta.nombre
        fruta_diccionario["temporada"] = fruta.temporada
        fruta_diccionario["precio"] = fruta.precio
        resultado.append(fruta_diccionario)

    return resultado


def filtrar_por_temporada(frutas_diccionario, temporada):
    resultado = []

    for fruta in frutas_diccionario:
        if fruta["temporada"] == temporada:
            resultado.append(fruta)

    return resultado


frutas = leer_fichero("frutas.csv")
frutas_diccionario = obtener_lista_diccionarios(frutas)

temporada = "Verano"
frutas_filtrada_por_temporada = filtrar_por_temporada(
    frutas_diccionario, temporada)

print("Temporada: ", temporada)
```

213

```
print("Total frutas: ", len(frutas_filtrada_por_temporada)
    )
print("Frutas: ", frutas_filtrada_por_temporada)
```

Ejercicio 9

Escribe una función que dado el ejercicio 6, reciba una lista de frutas de tipo *namedtuple* y devuelva un diccionario donde las claves serán las *temporadas* y su valor asociado será el *número de frutas que tiene dicha temporada*. La información se deberá representar como aparece en el *Resultado por pantalla*.

Nota: *Para poder leer el fichero CSV, debe especificar correctamente la ruta de este. Por ello se recomienda ubicar el fichero CSV en la misma ruta que su programa.*

Resultado por pantalla

```
Resumen de frutas por temporadas:
Primavera : 3
Verano : 2
Otoño : 1
Invierno : 1
```

Solución

```
import csv
from collections import namedtuple

fruta = namedtuple("Fruta", ["nombre", "temporada", "
    precio"])

def leer_fichero(ruta_fichero):
    frutas = []

    with open(ruta_fichero, encoding="utf-8") as fichero:
        lector = csv.reader(fichero, delimiter=",")
```

```
        next(lector)
        for nombre, temporada, precio in lector:
            precio = float(precio)
            frutas.append(fruta(nombre, temporada, precio)
    )

    return frutas


def obtener_diccionario_temporadas(frutas):
    resultado = dict()

    for fruta in frutas:
        if fruta.temporada in resultado:
            resultado[fruta.temporada] = resultado[fruta.
temporada] + 1
        else:
            resultado[fruta.temporada] = 1

    return resultado


frutas = leer_fichero("frutas.csv")
diccionario_temporadas = obtener_diccionario_temporadas(
    frutas)

print("Resumen de frutas por temporadas:")
for clave, valor in diccionario_temporadas.items():
    print(clave, ":", valor)
```

Ejercicio 10

Escribe una función que dado el ejercicio anterior, devuelva la temporada del año que más frutas tiene asociadas. La información se deberá representar como aparece en el *Resultado por pantalla*.

Nota: Para poder leer el fichero CSV, debe especificar correctamente la ruta de este. Por ello se recomienda ubicar el fichero CSV en la misma ruta que su programa.

Resultado por pantalla

```
Temporada con más frutas:  ('Primavera', 3)
```

Solución

```python
import csv
from collections import import namedtuple

fruta = namedtuple("Fruta", ["nombre", "temporada", "precio"])

def leer_fichero(ruta_fichero):
    frutas = []

    with open(ruta_fichero, encoding="utf-8") as fichero:
        lector = csv.reader(fichero, delimiter=",")
        next(lector)
        for nombre, temporada, precio in lector:
            precio = float(precio)
            frutas.append(fruta(nombre, temporada, precio)
    )
```

217

```python
    return frutas


def obtener_diccionario_temporadas(frutas):
    resultado = dict()

    for fruta in frutas:
        if fruta.temporada in resultado:
            resultado[fruta.temporada] = resultado[fruta.
temporada] + 1
        else:
            resultado[fruta.temporada] = 1

    return resultado


def obtener_maxima_temporada(diccionario_temporadas):
    return max(diccionario_temporadas.items(), key=lambda
temporada: temporada[1])


frutas = leer_fichero("frutas.csv")
diccionario_temporadas = obtener_diccionario_temporadas(
    frutas)

print("Temporada con más frutas: ",
    obtener_maxima_temporada(diccionario_temporadas))
```

Ejercicio 11

Escribe una función que dado el ejercicio 6, reciba una lista de frutas de tipo *namedtuple* y devuelva la fruta cuyo *precio* sea el más caro. La información se deberá representar como aparece en el *Resultado por pantalla*.

Nota: Para poder leer el fichero CSV, debe especificar correctamente la ruta de este. Por ello se recomienda ubicar el fichero CSV en la misma ruta que su programa.

Resultado por pantalla

```
Fruta más cara: Fresa
```

Solución

```python
import csv
from collections import namedtuple

fruta = namedtuple("Fruta", ["nombre", "temporada", "precio"])


def leer_fichero(ruta_fichero):
    frutas = []

    with open(ruta_fichero, encoding="utf-8") as fichero:
        lector = csv.reader(fichero, delimiter=",")
        next(lector)
        for nombre, temporada, precio in lector:
            precio = float(precio)
            frutas.append(fruta(nombre, temporada, precio)
    )
```

```
    return frutas


def obtener_fruta_mas_cara(frutas):
    return max(frutas, key=lambda fruta: fruta.precio)


frutas = leer_fichero("frutas.csv")
fruta_mas_cara = obtener_fruta_mas_cara(frutas)

print("Fruta más cara:", fruta_mas_cara.nombre)
```

Ejercicio 12

Escribe una función que lea el siguiente fichero CSV *peliculas.csv* que contiene la siguiente información:

```
nombre,fecha,estreno
Pelicula 1,22/09/2020,True
Pelicula 2,19/10/2022,True
Pelicula 3,01/01/2023,True
Pelicula 4,01/01/2025,False
Pelicula 5,05/01/2023,True
```

La función tiene que:

- Devolver una lista donde cada elemento es de tipo *namedtuple*.

- Tener en cuenta que no todos los datos son de tipo *str*, es decir, requiere conversión de datos.

Nota: Para poder leer el fichero CSV, debe especificar correctamente la ruta de este. Por ello se recomienda ubicar el fichero CSV en la misma ruta que su programa.

Resultado por pantalla

```
Peliculas: [Pelicula(nombre='Pelicula 1', fecha=datetime.
    date(2020, 9, 22), estreno=True), Pelicula(nombre='
    Pelicula 2', fecha=datetime.date(2022, 10, 19),
    estreno=True), Pelicula(nombre='Pelicula 3', fecha=
    datetime.date(2023, 1, 1), estreno=True), Pelicula(
    nombre='Pelicula 4', fecha=datetime.date(2025, 1, 1),
    estreno=False), Pelicula(nombre='Pelicula 5', fecha=
    datetime.date(2023, 1, 5), estreno=True)]
```

Solución

```
import csv
from datetime import datetime
from collections import namedtuple


pelicula = namedtuple("Pelicula", ["nombre", "fecha", "
    estreno"])


def leer_fichero(ruta_fichero):
    peliculas = []

    with open(ruta_fichero, encoding="utf-8") as fichero:
        lector = csv.reader(fichero, delimiter=",")
        next(lector)
        for nombre, fecha, estreno in lector:
            fecha = datetime.strptime(fecha, "%d/%m/%Y").
    date()
            estreno_bool = False
            if estreno == "True":
                estreno_bool = True
            peliculas.append(pelicula(nombre, fecha,
    estreno_bool))

    return peliculas


peliculas = leer_fichero("peliculas.csv")
print("Peliculas:", peliculas)
```

Ejercicio 13

Escribe una función que dado el ejercicio 12, reciba una lista de películas de tipo *namedtuple* y devuelva las películas ordenadas por *fecha*. La información se deberá representar como aparece en el *Resultado por pantalla*.

Nota: Para poder leer el fichero CSV, debe especificar correctamente la ruta de este. Por ello se recomienda ubicar el fichero CSV en la misma ruta que su programa.

Resultado por pantalla

```
Nombre: Pelicula 1 | Fecha: 2020-09-22 | Estrenada: True
Nombre: Pelicula 2 | Fecha: 2022-10-19 | Estrenada: True
Nombre: Pelicula 3 | Fecha: 2023-01-01 | Estrenada: True
Nombre: Pelicula 5 | Fecha: 2023-01-05 | Estrenada: True
Nombre: Pelicula 4 | Fecha: 2025-01-01 | Estrenada: False
```

Solución

```python
import csv
from datetime import datetime
from collections import namedtuple


pelicula = namedtuple("Pelicula", ["nombre", "fecha", "
    estreno"])


def leer_fichero(ruta_fichero):
    peliculas = []

    with open(ruta_fichero, encoding="utf-8") as fichero:
        lector = csv.reader(fichero, delimiter=",")
```

```
        next(lector)
        for nombre, fecha, estreno in lector:
            fecha = datetime.strptime(fecha, "%d/%m/%Y").
date()
            estreno_bool = False
            if estreno == "True":
                estreno_bool = True
            peliculas.append(pelicula(nombre, fecha,
estreno_bool))

    return peliculas


def ordenar_por_fecha(peliculas):
    return sorted(peliculas, key=lambda pelicula: pelicula
    .fecha)


peliculas = leer_fichero("peliculas.csv")
peliculas_ordenadas_por_fecha = ordenar_por_fecha(
    peliculas)

for pelicula in peliculas_ordenadas_por_fecha:
    print(
        "Nombre: {} | Fecha: {} | Estrenada: {}".format(
            pelicula.nombre, pelicula.fecha, pelicula.
    estreno
        )
    )
```

Ejercicio 14

Escribe una función que dado el ejercicio 12, reciba una lista de películas de tipo *namedtuple* y devuelva la película más antigua. La información se deberá representar como aparece en el *Resultado por pantalla*.

Nota: Para poder leer el fichero CSV, debe especificar correctamente la ruta de este. Por ello se recomienda ubicar el fichero CSV en la misma ruta que su programa.

Resultado por pantalla

```
Nombre: Pelicula 1
Fecha: 2020−09−22
Estrenada: True
```

Solución

```python
import csv
from datetime import datetime
from collections import namedtuple


pelicula = namedtuple("Pelicula", ["nombre", "fecha", "
    estreno"])


def leer_fichero(ruta_fichero):
    peliculas = []

    with open(ruta_fichero, encoding="utf−8") as fichero:
        lector = csv.reader(fichero, delimiter=",")
        next(lector)
        for nombre, fecha, estreno in lector:
```

```
            fecha = datetime.strptime(fecha, "%d/%m/%Y").
    date()
            estreno_bool = False
            if estreno == "True":
                estreno_bool = True
            peliculas.append(pelicula(nombre, fecha,
    estreno_bool))

    return peliculas


def obtener_pelicula_mas_antigua(peliculas):
    return min(peliculas, key=lambda pelicula: pelicula.
    fecha)


peliculas = leer_fichero("peliculas.csv")
pelicula_mas_antigua = obtener_pelicula_mas_antigua(
    peliculas)

print("Nombre:", pelicula_mas_antigua.nombre)
print("Fecha:", pelicula_mas_antigua.fecha)
print("Estrenada:", pelicula_mas_antigua.estreno)
```

Ejercicio 15

Escribe una función que dado el ejercicio 12, reciba una lista de películas de tipo *namedtuple* y devuelva un diccionario. Las claves del diccionario serán *estreno* y *noEstreno*.

Los valores asociados a cada clave será el número total de películas que se corresponda con dicha información. La información se deberá representar como aparece en el *Resultado por pantalla*.

Nota: Para poder leer el fichero CSV, debe especificar correctamente la ruta de este. Por ello se recomienda ubicar el fichero CSV en la misma ruta que su programa.

Resultado por pantalla

```
estreno : 4
noEstreno : 1
```

Solución

```python
import csv
from datetime import datetime
from collections import namedtuple


pelicula = namedtuple("Pelicula", ["nombre", "fecha", "
    estreno"])


def leer_fichero(ruta_fichero):
    peliculas = []
```

```python
    with open(ruta_fichero, encoding="utf-8") as fichero:
        lector = csv.reader(fichero, delimiter=",")
        next(lector)
        for nombre, fecha, estreno in lector:
            fecha = datetime.strptime(fecha, "%d/%m/%Y").
date()
            estreno_bool = False
            if estreno == "True":
                estreno_bool = True
            peliculas.append(pelicula(nombre, fecha,
estreno_bool))

    return peliculas


def obtener_diccionario(peliculas):
    claves = ["estreno", "noEstreno"]
    resultado = dict.fromkeys(claves, 0)

    for pelicula in peliculas:
        if pelicula.estreno == True:
            resultado["estreno"] = resultado["estreno"] +
1
        else:
            resultado["noEstreno"] = resultado["noEstreno"
] + 1

    return resultado


peliculas = leer_fichero("peliculas.csv")
diccionario = obtener_diccionario(peliculas)

for clave, valor in diccionario.items():
    print(clave, ":", valor)
```

Ejercicio 16

Escribe una función que dado el ejercicio 12, reciba una lista de películas de tipo *namedtuple* y devuelva el año donde se han estrenado más películas.

Nota: Para poder leer el fichero CSV, debe especificar correctamente la ruta de este. Por ello se recomienda ubicar el fichero CSV en la misma ruta que su programa.

Resultado por pantalla

```
El año con más películas es:    2023
```

Solución

```python
import csv
from datetime import datetime
from collections import namedtuple

pelicula = namedtuple("Pelicula", ["nombre", "fecha", "estreno"])

def leer_fichero(ruta_fichero):
    peliculas = []

    with open(ruta_fichero, encoding="utf-8") as fichero:
        lector = csv.reader(fichero, delimiter=",")
        next(lector)
        for nombre, fecha, estreno in lector:
            fecha = datetime.strptime(fecha, "%d/%m/%Y").date()
            estreno_bool = False
```

```
            if estreno == "True":
                estreno_bool = True
            peliculas.append(pelicula(nombre, fecha,
    estreno_bool))

        return peliculas


def obtener_anyo(peliculas):
    resultado = dict()

    for pelicula in peliculas:
        if pelicula.fecha.year in resultado:
            resultado[pelicula.fecha.year] = resultado[
    pelicula.fecha.year] + 1
        else:
            resultado[pelicula.fecha.year] = 1

    return max(resultado.items(), key=lambda elemento:
    elemento[1])[0]


peliculas = leer_fichero("peliculas.csv")
anyo_mas_peliculas = obtener_anyo(peliculas)

print("El año con más películas es: ", anyo_mas_peliculas)
```

Ejercicio 17

Escribe una función que lea el siguiente fichero CSV *notas.csv* que contiene la siguiente información:

```
alumno,asignatura,nota
Margarita,Física,8.75
Margarita,Matemáticas,9.78
Margarita,Informática,9.5
David,Física,9.75
David,Matemáticas,6.78
David,Informática,10
Eva,Física,10
Eva,Matemáticas,10
Eva,Informática,10
```

La función tiene que:

- Devolver una lista donde cada elemento es de tipo *namedtuple*.

- Tener en cuenta que no todos los datos son de tipo *str*, es decir, requiere conversión de datos.

Nota: Para poder leer el fichero CSV, debe especificar correctamente la ruta de este. Por ello se recomienda ubicar el fichero CSV en la misma ruta que su programa.

Resultado por pantalla

```
[Nota(alumno='Margarita', asignatura='Física',
    calificacion=8.75), Nota(alumno='Margarita',
    asignatura='Matemáticas', calificacion=9.78), Nota(
    alumno='Margarita', asignatura='Informática',
    calificacion=9.5), Nota(alumno='David', asignatura='Fí
    sica', calificacion=9.75), Nota(alumno='David',
    asignatura='Matemáticas', calificacion=6.78), Nota(
```

alumno='David', asignatura='Informática', calificacion
=10.0), Nota(alumno='Eva', asignatura='Física',
calificacion=10.0), Nota(alumno='Eva', asignatura='
Matemáticas', calificacion=10.0), Nota(alumno='Eva',
asignatura='Informática', calificacion=10.0)]

Solución

```
import csv
from collections import namedtuple


nota = namedtuple("Nota", ["alumno", "asignatura", "
    calificacion"])


def leer_fichero(ruta_fichero):
    notas = []

    with open(ruta_fichero, encoding="utf-8") as fichero:
        lector = csv.reader(fichero, delimiter=",")
        next(lector)
        for alumno, asignatura, calificacion in lector:
            calificacion = float(calificacion)
            notas.append(nota(alumno, asignatura,
    calificacion))

    return notas


notas = leer_fichero("notas.csv")
print(notas)
```

Ejercicio 18

Escribe una función que dado el ejercicio 17, reciba una lista de notas de tipo *namedtuple* y devuelva el nombre del alumno con mayor nota para la asignatura *Física*.

Nota: Para poder leer el fichero CSV, debe especificar correctamente la ruta de este. Por ello se recomienda ubicar el fichero CSV en la misma ruta que su programa.

Resultado por pantalla

```
El alumno con mayor nota en Física es: Eva
```

Solución

```python
import csv
from collections import import namedtuple

nota = namedtuple("Nota", ["alumno", "asignatura", "calificacion"])

def leer_fichero(ruta_fichero):
    notas = []

    with open(ruta_fichero, encoding="utf-8") as fichero:
        lector = csv.reader(fichero, delimiter=",")
        next(lector)
        for alumno, asignatura, calificacion in lector:
            calificacion = float(calificacion)
            notas.append(nota(alumno, asignatura, calificacion))
```

233

```
    return notas


def alumno_maxima_nota(notas):
    notas_filtradas_fisica = [nota for nota in notas if
    nota.asignatura == "Física"]

    alumno = max(notas_filtradas_fisica, key=lambda nota:
    nota.calificacion)
    return alumno.alumno


notas = leer_fichero("notas.csv")

print("El alumno con mayor nota en Física es:",
    alumno_maxima_nota(notas))
```

Ejercicio 19

Escribe una función que dado el ejercicio 17, reciba una lista de notas de tipo *namedtuple* y devuelva la media de entre todas las asignaturas que ha sacado la alumna *Margarita*. No olvides redondear la cifra a dos dígitos.

Nota: Para poder leer el fichero CSV, debe especificar correctamente la ruta de este. Por ello se recomienda ubicar el fichero CSV en la misma ruta que su programa.

Resultado por pantalla

```
Media que ha obtenido Margarita: 9.34
```

Solución

```python
import csv
from collections import import namedtuple

nota = namedtuple("Nota", ["alumno", "asignatura", "calificacion"])

def leer_fichero(ruta_fichero):
    notas = []

    with open(ruta_fichero, encoding="utf-8") as fichero:
        lector = csv.reader(fichero, delimiter=",")
        next(lector)
        for alumno, asignatura, calificacion in lector:
            calificacion = float(calificacion)
            notas.append(nota(alumno, asignatura, calificacion))
```

```
    return notas


def alumno_media(notas, alumno):
    notas_filtradas_alumno = [
        nota.calificacion for nota in notas if nota.alumno
        == alumno
    ]
    total = sum(notas_filtradas_alumno)

    return total / len(notas_filtradas_alumno)


notas = leer_fichero("notas.csv")

print("Media que ha obtenido Margarita:", round(
    alumno_media(notas, "Margarita"), 2))
```

Ejercicio 20

Escribe una función que dado el ejercicio 17, reciba una lista de notas de tipo *namedtuple* y devuelva todas las notas ordenadas de mayor a menor calificación. La información se deberá representar como aparece en el *Resultado por pantalla*.

Nota: Para poder leer el fichero CSV, debe especificar correctamente la ruta de este. Por ello se recomienda ubicar el fichero CSV en la misma ruta que su programa.

Resultado por pantalla

```
Asignatura: Informática
Nota: 10.0
Alumno: David

Asignatura: Física
Nota: 10.0
Alumno: Eva

Asignatura: Matemáticas
Nota: 10.0
Alumno: Eva

Asignatura: Informática
Nota: 10.0
Alumno: Eva

Asignatura: Matemáticas
Nota: 9.78
Alumno: Margarita

Asignatura: Física
Nota: 9.75
Alumno: David
```

```
Asignatura: Informática
Nota: 9.5
Alumno: Margarita

Asignatura: Física
Nota: 8.75
Alumno: Margarita

Asignatura: Matemáticas
Nota: 6.78
Alumno: David
```

Solución

```python
import csv
from collections import import namedtuple


nota = namedtuple("Nota", ["alumno", "asignatura", "
    calificacion"])


def leer_fichero(ruta_fichero):
    notas = []

    with open(ruta_fichero, encoding="utf-8") as fichero:
        lector = csv.reader(fichero, delimiter=",")
        next(lector)
        for alumno, asignatura, calificacion in lector:
            calificacion = float(calificacion)
            notas.append(nota(alumno, asignatura,
    calificacion))

    return notas


def ordenar_notas_por_calificacion(notas):
    return sorted(notas, key=lambda nota: nota.
    calificacion, reverse=True)
```

```
notas = leer_fichero("notas.csv")
notas_ordenadas = ordenar_notas_por_calificacion(notas)

for nota in notas_ordenadas:
    print("Asignatura:", nota.asignatura)
    print("Nota:", nota.calificacion)
    print("Alumno:", nota.alumno)
    print()
```

Epílogo

Espero que haya disfrutado leyendo este libro tanto como yo lo he hecho escribéndolo para usted. Después de realizar cada uno de los ejercicios de los distintos capítulos, estará capacitado para profundizar sus conocimientos en Python sin ningún problema.